The Gospel According to John

A Greek-English, Verse by Verse Translation

Translated by John Cunyus

©2014, John G. Cunyus
All rights to English Translation
and Commentary reserved
www.JohnCunyus.com

ISBN: 978-1-936497-26-3

First Edition:
December 25, 2014

Greek Text based on
The New Testament in the Original Greek
Brooke Foss Westcott and Fenton John Anthony Hort
1881 (Public Domain),

Cover Photo by John Cunyus

Searchlight Press
Who are you looking for?
Publishers of thoughtful Christian books since 1994.
PO Box 554
Henderson, Texas 75653-0554
214.662.5494
info@Searchlight-Press.com
www.Searchlight-Press.com

To Sandra Doerge

Table of Contents

John the Apostle
Who, What, When, Where, Why

Who: John, the brother of James (Jacob), son of Zebedee, a Galilean fisherman by trade:

1. Was the fourth person called by Jesus Christ as a disciple, after Simon Peter, Andrew, and John's brother James (Matthew 4:21; Mark 1:19; Luke 5:10);
2. Was identified along with Andrew, Peter, and James as a partner in the fishing business on Lake Galilee (Luke 5:10);
3. Was named among the original twelve disciples (Matthew 10:2; Mark 3:17; Luke 6:14);
4. Witnessed Jesus raising the daughter of Jairus (Mark 5:37; Luke 8:51);
5. Witnessed Christ's Transfiguration, along with Peter and James (Matthew 17:1; Mark 9:2, Luke 9:28);
6. With his brother, asked Jesus if they should call down fire from heaven on disbelieving Samaritans (Luke 9:53-56);
7. With his brother, asked Jesus for the places at His right and left in His kingdom (Mark 10:35), with the compliance of his mother (Matthew 20:20);
8. Was rebuked for forbidding an outsider to speak in Jesus' name (Mark 9:38);
9. Along with Peter, James, and Andrew, asked Christ to explain his apocalyptic parable (Mark 13:3);
10. Witnessed Christ's agony in the Garden of Gethsemane (Mark 14:33);
11. Is mentioned among the surviving eleven apostles after the Resurrection (Acts 1:13);
12. Witnessed the healing of a man lame from birth at the Temple's gate (Acts 3:1);

13. Was arrested and interrogated along with Peter, after the miracle (Acts 4:13);
14. Was sent by the apostles with Peter to investigate reports of Samaritan believers (Acts 8:14);
15. Lost his brother James (Jacob) to execution at Herod's hands (Acts 12:2);
16. Is mentioned by Paul as a "pillar" of the church in Jerusalem (Galatians 2:9);
17. Received the "The Revelation of Jesus Christ" (Revelation 1:1);
18. Wrote to "the seven churches which are in Asia" (Revelation 1:4);
19. Was imprisoned "for the word of God, and for the testimony of Jesus Christ" (Revelation 1:9);
20. Saw "the holy city, new Jerusalem, coming down from God" (Revelation 21:2);
21. Swore to what he saw in the revelation (Revelation 22:8).

John the Apostle is not mentioned at all by name in the Gospel which bears his name.

What: According to tradition, John wrote the Gospel bearing his name, one general epistle (1 John), two personal epistles (2 John and 3 John), and Revelation.

When: John was a contemporary of Jesus and, according to church tradition, the only one among Jesus' original twelve apostles who survived to an old age.

Where: John appears in scripture on the shores of the Sea of Galilee, in northern Israel. He follows Jesus to Jerusalem, where he apparently stayed until at least the Jerusalem conference of Acts 15. We last hear of him in scripture on the island of

The Gospel According to John, 6

Patmos, in the Aegean Sea between Greece and Turkey.

Why: In John 20:31, the author states, " . . . these are written, that ye might believe that Jesus is the Christ, the Son of God; and that believing ye might have life through his name."

Notes

Outline of the Gospel According to John

The Gospel According to John, 10

The Gospel According to John, 12

The Greek Alphabet

Upper Case	Lower Case	English Spelling	Pronunciation
A	α	Alpha	a as if f<u>a</u>ther; a as in gl<u>a</u>d
B	β	Beta	b as in <u>b</u>oy
Γ	γ	Gamma	g as in <u>g</u>irl
Δ	δ	Delta	d as in <u>d</u>og
E	ε	Epsilon	e as in p<u>e</u>t
Z	ζ	Zeta	ds as in su<u>ds</u>y
H	η	Eta	ai as in r<u>ai</u>n
Θ	θ	Theta	th as in <u>th</u>eater
I	ι	Iota	i as in r<u>i</u>d; ee as in f<u>ee</u>t
K	κ	Kappa	k as in <u>k</u>ind
Λ	λ	Lambda	l as in <u>l</u>ove
M	μ	Mu	m as in <u>m</u>uch
N	ν	Nu	n as in <u>n</u>ice

Ξ	ξ	Xi	ks as in sac<u>ks</u>
O	o	Omicron	o as in d<u>o</u>t
Π	π	Pi	p as in <u>p</u>aint
P	ρ	Rho	r as in <u>r</u>ice
Σ	σ ς	Sigma	s as in <u>s</u>oul
T	τ	Tau	t as in <u>t</u>ea
Y	υ	Upsilon	u as in p<u>u</u>p; oo as in b<u>oo</u>t
Φ	φ	Phi	ph as in <u>ph</u>ilosophy
X	χ	Khi	kh as in Ban<u>kh</u>ead
Ψ	ψ	Psi	ps as in li<u>ps</u>
Ω	ω	Omega	oa as in l<u>oa</u>n

The Prologue

1 **:1** εν αρχη ην ο λογος και ο λογος ην προς τον θεον και
θεος ην ο λογος

In beginning, the Word was, and the Word was with God, and the
Word was God.

1:2 ουτος ην εν αρχη προς τον θεον

This *Word* was in beginning with God.

1:3 παντα δι αυτου εγενετο και χωρις αυτου εγενετο ουδε εν ο
γεγονεν

All came to be through Him, and without Him not one *thing*
came to be. What has come to be

1:4 εν αυτω ζωη ην και η ζωη ην το φως των ανθρωπων

in Him was life, and the life was the light of men;

1:5 και το φως εν τη σκοτια φαινει και η σκοτια αυτο ου
κατελαβεν

and the light shines in the darkness, and the darkness has not
overcome it.

1:6 εγενετο ανθρωπος απεσταλμενος παρα θεου ονομα αυτω
ιωαννης

A man came to be, sent from God, John *a* name to him.

1:7 ουτος ηλθεν εις μαρτυριαν ινα μαρτυρηση περι του φωτος
ινα παντες πιστευσωσιν δι αυτου

The Gospel According to John, 16

This *man* came to testify, that he might testify about the light, that all might believe through him.

1:8 ουκ ην εκεινος το φως αλλ ινα μαρτυρηση περι του φωτος

That *man* was not the light, but that he might testify about the light.

1:9 ην το φως το αληθινον ο φωτιζει παντα ανθρωπον ερχομενον εις τον κοσμον

The true light was, which lights up every man coming into the world.

1:10 εν τω κοσμω ην και ο κοσμος δι αυτου εγενετο και ο κοσμος αυτον ουκ εγνω

He was in the world, and the world came to be through Him, and the world did not know Him.

1:11 εις τα ιδια ηλθεν και οι ιδιοι αυτον ου παρελαβον

He came to His own, and His own did not receive Him.

1:12 οσοι δε ελαβον αυτον εδωκεν αυτοις εξουσιαν τεκνα θεου γενεσθαι τοις πιστευουσιν εις το ονομα αυτου

Yet to as many as received Him, He gave them authority to become children of God, to those believing in His name,

1:13 οι ουκ εξ αιματων ουδε εκ θεληματος σαρκος ουδε εκ θεληματος ανδρος αλλ εκ θεου εγεννηθησαν

the *ones* born not from blood, nor from flesh's will, nor from *a* male's will, but from God.

1:14 και ο λογος σαρξ εγενετο και εσκηνωσεν εν ημιν και εθεασαμεθα την δοξαν αυτου δοξαν ως μονογενους παρα πατρος πληρης χαριτος και αληθειας

And the Word came to be flesh, and pitched tent among us, and we have seen His glory, glory as only-born from *the* Father, full of grace and truth.

1:15 ιωαννης μαρτυρει περι αυτου και κεκραγεν λεγων ουτος ην ο ειπων ο οπισω μου ερχομενος εμπροσθεν μου γεγονεν οτι πρωτος μου ην

John testifies about Him, and he has cried out, saying, "This was who I said, 'The *one* coming after me came to be before me, because He was before me.'"

1:16 οτι εκ του πληρωματος αυτου ημεις παντες ελαβομεν και χαριν αντι χαριτος

For from His fullness we all have received, and grace upon grace.

1:17 οτι ο νομος δια μωυσεως εδοθη η χαρις και η αληθεια δια ιησου χριστου εγενετο

For the law was given through Moses. The grace and the truth came to be through Jesus Christ.

1:18 θεον ουδεις εωρακεν πωποτε μονογενης θεος ο ων εις τον κολπον του πατρος εκεινος εξηγησατο

No one has ever seen God. *The* only-born God, the *One* existing in the Father's embrace, that *One* has made *Him* known.

John's Testimony

1:19 και αυτη εστιν η μαρτυρια του ιωαννου οτε απεστειλαν προς αυτον οι ιουδαιοι εξ ιεροσολυμων ιερεις και λευιτας ινα ερωτησωσιν αυτον συ τις ει

This is the testimony of John when the Jews sent priests and Levites to him from Jerusalem so they could demand of him, "Who are you?"

1:20 και ωμολογησεν και ουκ ηρνησατο και ωμολογησεν οτι εγω ουκ ειμι ο χριστος

He confessed and did not deny, and he confessed that, "I am not the Christ."

1:21 και ηρωτησαν αυτον τι ουν [συ] ηλιας ει και λεγει ουκ ειμι ο προφητης ει συ και απεκριθη ου

They asked him, "What, then? Are you Elijah?"

He says, "I am not."

"Are you the prophet?"

He answered, "No."

1:22 ειπαν ουν αυτω τις ει ινα αποκρισιν δωμεν τοις πεμψασιν ημας τι λεγεις περι σεαυτου

Then they said to him, "Who are you, so we can have *an* answer to those having sent us? What do you say about yourself?"

1:23 εφη εγω φωνη βοωντος εν τη ερημω ευθυνατε την οδον κυριου καθως ειπεν ησαιας ο προφητης

He said, "I am,

> "*A* voice shouting in the desert,
> "'Make the Lord's road straight,'[1]

"even as Isaiah the prophet said."

1:24 και απεσταλμενοι ησαν εκ των φαρισαιων

The *ones* sent were from the Pharisees,[2]

1:25 και ηρωτησαν αυτον και ειπαν αυτω τι ουν βαπτιζεις ει συ ουκ ει ο χριστος ουδε ηλιας ουδε ο προφητης

and they questioned him and said to him, "Why, then, do you baptize, if you are neither the Christ, nor Elijah, nor the prophet?"

1:26 απεκριθη αυτοις ο ιωαννης λεγων εγω βαπτιζω εν υδατι μεσος υμων στηκει ον υμεις ουκ οιδατε

John answered them, saying, "I baptize in water. He stands in

---

[1] See Isaiah 40:3.

[2] Pharisees, Φαρισαῖος in Greek, were a post-exilic sect of Judaism. The Pharisees descended from a group of devout Jews, whose moral purity and iron discipline helped guide Judah's survivors through some of the most difficult moments in Israel's long history. They kept a close watch on those who claimed to be teachers, judging teaching by scripture as they understood it. Though the Pharisees have become devils in the eyes of many Christians, they were actually the moral exemplars of their day. Paul himself claims to be a Pharisee (Acts 23:6). The word comes from Aramaic, *perashiym*, "separated."

your midst whom you do not know –

1:27 οπισω μου ερχομενος ου ουκ ειμι [εγω] αξιος ινα λυσω αυτου τον ιμαντα του υποδηματος

"the *one* coming after me, of whom I am not worthy that I untie the lace of His sandal."

1:28 ταυτα εν βηθανια εγενετο περαν του ιορδανου οπου ην ο ιωαννης βαπτιζων

These *things* happened in Bethany, across the Jordan where John was baptizing.

Further Testimony
1:29 τη επαυριον βλεπει τον ιησουν ερχομενον προς αυτον και λεγει ιδε ο αμνος του θεου ο αιρων την αμαρτιαν του κοσμου

The following morning, he sees Jesus coming to him, and he says, "Look! The lamb of God, the *one* taking away the sin of the world.

1:30 ουτος εστιν υπερ ου εγω ειπον οπισω μου ερχεται ανηρ ος εμπροσθεν μου γεγονεν οτι πρωτος μου ην

"This is about whom I said, '*A* man comes after me who came to be before me, because He was before me';

1:31 καγω ουκ ηδειν αυτον αλλ ινα φανερωθη τω ισραηλ δια τουτο ηλθον εγω εν υδατι βαπτιζων

"and I didn't know Him, but that he might be revealed to Israel, for this I came baptizing in water."

1:32 και εμαρτυρησεν ιωαννης λεγων οτι τεθεαμαι το πνευμα καταβαινον ως περιστεραν εξ ουρανου και εμεινεν επ αυτον

John testified, saying that, "I saw the Spirit coming down as *a* dove from the sky, and it remained on Him;

1:33 καγω ουκ ηδειν αυτον αλλ ο πεμψας με βαπτιζειν εν υδατι εκεινος μοι ειπεν εφ ον αν ιδης το πνευμα καταβαινον και μενον επ αυτον ουτος εστιν ο βαπτιζων εν πνευματι αγιω

"and I didn't know Him, but the *One* having sent me to baptize in water, that *One* said to me, 'On whomever you see the Spirit coming down and remaining on Him, this is the *One* baptizing in Holy Spirit;

1:34 καγω εωρακα και μεμαρτυρηκα οτι ουτος εστιν ο υιος του θεου

"and I saw, and I've testified that this is the Son of God."

The First Disciples
1:35 τη επαυριον παλιν ειστηκει ιωαννης και εκ των μαθητων αυτου δυο

The following morning John had again stood, and two of his disciples.

1:36 και εμβλεψας τω ιησου περιπατουντι λεγει ιδε ο αμνος του θεου

Having seen Jesus walking, he says, "Look! The lamb of God."

1:37 και ηκουσαν οι δυο μαθηται αυτου λαλουντος και ηκολουθησαν τω ιησου

His two disciples heard *him* speaking, and they followed Jesus.

1:38 στραφεις δε ο ιησους και θεασαμενος αυτους ακολουθουντας λεγει αυτοις τι ζητειτε οι δε ειπαν αυτω ραββι ο λεγεται μεθερμηνευομενον διδασκαλε που μενεις

Jesus, having turned and seeing them following, says to them, "What are you looking for?"

They said to Him, "Rabbi" – which says, translated, 'Teacher' – "where are you staying?"

1:39 λεγει αυτοις ερχεσθε και οψεσθε ηλθαν ουν και ειδαν που μενει και παρ αυτω εμειναν την ημεραν εκεινην ωρα ην ως δεκατη

He says to them, "Come and see."

They went, then, and saw where He stays, and they stayed with Him that day. It was around the tenth hour.

Simon Peter

1:40 ην ανδρεας ο αδελφος σιμωνος πετρου εις εκ των δυο των ακουσαντων παρα ιωαννου και ακολουθησαντων αυτω

Andrew, the brother of Simon Peter, was one of the two of those having heard from John and followed Him.

1:41 ευρισκει ουτος πρωτον τον αδελφον τον ιδιον σιμωνα και λεγει αυτω ευρηκαμεν τον μεσσιαν ο εστιν μεθερμηνευομενον χριστος

This *man* finds his brother, the same Simon, and says to him,

"We've found the Messiah" – which is, translated, 'Christ'.[3]

1:42 ηγαγεν αυτον προς τον ιησουν εμβλεψας αυτω ο ιησους ειπεν συ ει σιμων ο υιος ιωαννου συ κληθηση κηφας ο ερμηνευεται πετρος

He brought him to Jesus. Having seen *him*, Jesus said to him, "You are Simon the son of John. You will be called Cephas" – which is interpreted 'Rock'."

1:43 τη επαυριον ηθελησεν εξελθειν εις την γαλιλαιαν και ευρισκει φιλιππον και λεγει αυτω ο ιησους ακολουθει μοι

The following morning, He wanted to go away to Galilee, and Jesus finds Philip and says to him, "Follow me."

1:44 ην δε ο φιλιππος απο βηθσαιδα εκ της πολεως ανδρεου και πετρου

Philip was from Bethsaida, from the city of Andrew and Peter.

1:45 ευρισκει φιλιππος τον ναθαναηλ και λεγει αυτω ον εγραψεν μωυσης εν τω νομω και οι προφηται ευρηκαμεν ιησουν υιον του ιωσηφ τον απο ναζαρετ

Philip finds Nathanael and says to him, "We have found whom Moses wrote about in the law, and the prophets, Jesus, son of Joseph, the *one* from Nazareth."

---

[3] Messiah means "anointed one." Israel designated its kings by anointing them with oil. Calling Jesus "Messiah" recognizes that He is Israel's rightful, anointed King, and the Son of God.

1:46 και ειπεν αυτω ναθαναηλ εκ ναζαρετ δυναται τι αγαθον ειναι λεγει αυτω ο φιλιππος ερχου και ιδε

Nathanael said to him, "Can any good be from Nazareth?"

Philip says to him, "Come and see."

1:47 ειδεν ιησους τον ναθαναηλ ερχομενον προς αυτον και λεγει περι αυτου ιδε αληθως ισραηλιτης εν ω δολος ουκ εστιν

Jesus saw Nathanael coming to Him, and He says about him, "Look! *A* true Israelite, in whom is no deceit."

1:48 λεγει αυτω ναθαναηλ ποθεν με γινωσκεις απεκριθη ιησους και ειπεν αυτω προ του σε φιλιππον φωνησαι οντα υπο την συκην ειδον σε

Nathanael says to Him, "Where do you know me from?"

Jesus answered and said to him, "Before Philip called you, I saw you staying under the fig tree."

1:49 απεκριθη αυτω ναθαναηλ ραββι συ ει ο υιος του θεου συ βασιλευς ει του ισραηλ

Nathanael answered him, "Rabbi, you are the Son of God. You are the King of Israel."

1:50 απεκριθη ιησους και ειπεν αυτω οτι ειπον σοι οτι ειδον σε υποκατω της συκης πιστευεις μειζω τουτων οψη

Jesus answered and said to him, "Do you believe because I said to you that I saw you under the fig tree? You will see greater than these."

1:51 και λεγει αυτω αμην αμην λεγω υμιν οψεσθε τον ουρανον ανεωγοτα και τους αγγελους του θεου αναβαινοντας και καταβαινοντας επι τον υιον του ανθρωπου

He says to him, "Amen, amen, I say to you, you will see the sky opened and the angels of God going up and coming down on the Son of Man."

Water Into Wine

2 :1 και τη ημερα τη τριτη γαμος εγενετο εν κανα της γαλιλαιας και ην η μητηρ του ιησου εκει

The third day *there* was *a* wedding in Cana of Galilee, and the mother of Jesus was there.

2:2 εκληθη δε και ο ιησους και οι μαθηται αυτου εις τον γαμον

Yet Jesus also was invited to the wedding, and His disciples,

2:3 και υστερησαντος οινου λεγει η μητηρ του ιησου προς αυτον οινον ουκ εχουσιν

and *when* the wine *had* given out, the mother of Jesus says to Him, "They have no wine."

2:4 και λεγει αυτη ο ιησους τι εμοι και σοι γυναι ουπω ηκει η ωρα μου

Jesus says to her, "What to me and to you, woman? My hour is not yet come."

2:5 λεγει η μητηρ αυτου τοις διακονοις ο τι αν λεγη υμιν ποιησατε

His mother says to the servers, "Do whatever He says to you."

2:6 ησαν δε εκει λιθιναι υδριαι εξ κατα τον καθαρισμον των ιουδαιων κειμεναι χωρουσαι ανα μετρητας δυο η τρεις

Stone water jars were there, according to the cleansing *rituals* of the Jews, set aside to hold two or three liquid measures each.

2:7 λεγει αυτοις ο ιησους γεμισατε τας υδριας υδατος και εγεμισαν αυτας εως ανω

Jesus says to them, "Fill the jars with water" – and they filled them to the brim.

2:8 και λεγει αυτοις αντλησατε νυν και φερετε τω αρχιτρικλινω οι δε ηνεγκαν

He says to them, "Draw *it* out now and take *it* to the head steward."

They did *so*.

2:9 ως δε εγευσατο ο αρχιτρικλινος το υδωρ οινον γεγενημενον και ουκ ηδει ποθεν εστιν οι δε διακονοι ηδεισαν οι ηντληκοτες το υδωρ φωνει τον νυμφιον ο αρχιτρικλινος

As the chief steward tasted the water made wine, and he didn't know where it was from – yet the servers knew, the *ones* having drawn out the water – the chief steward called the bridegroom,

2:10 και λεγει αυτω πας ανθρωπος πρωτον τον καλον οινον τιθησιν και οταν μεθυσθωσιν τον ελασσω συ τετηρηκας τον καλον οινον εως αρτι

and says to him, "Every man sets out the good wine first, and when they are drunk, the inferior. You have kept the good wine until now."

2:11 ταυτην εποιησεν αρχην των σημειων ο ιησους εν κανα της γαλιλαιας και εφανερωσεν την δοξαν αυτου και επιστευσαν εις αυτον οι μαθηται αυτου

Jesus did this first of the signs in Cana of Galilee, and revealed His glory, and His disciples believed in Him.

2:12 μετα τουτο κατεβη εις καφαρναουμ αυτος και η μητηρ αυτου και οι αδελφοι και οι μαθηται αυτου και εκει εμειναν ου πολλας ημερας

After this, He went down to Capernaum, and His mother and brothers and His disciples, and He stayed there not many days.

First Journey to Jerusalem

2:13 και εγγυς ην το πασχα των ιουδαιων και ανεβη εις ιεροσολυμα ο ιησους

The Passover of the Jews was near, and Jesus went up to Jerusalem,

2:14 και ευρεν εν τω ιερω τους πωλουντας βοας και προβατα και περιστερας και τους κερματιστας καθημενους

and He found in the temple those selling oxen and sheep and doves, and the money-changers sitting;

2:15 και ποιησας φραγελλιον εκ σχοινιων παντας εξεβαλεν εκ του ιερου τα τε προβατα και τους βοας και των κολλυβιστων εξεχεεν τα κερματα και τας τραπεζας ανετρεψεν

and having made *a* whip of ropes, He drove out of the temple all the oxen and sheep, and poured out the coins of the money-changers, and overturned the tables.

2:16 και τοις τας περιστερας πωλουσιν ειπεν αρατε ταυτα εντευθεν μη ποιειτε τον οικον του πατρος μου οικον εμποριου

He said to those selling doves, "Take these away from here! Don't make my Father's house *a* house of business!"

2:17 εμνησθησαν οι μαθηται αυτου οτι γεγραμμενον εστιν ο ζηλος του οικου σου καταφαγεται με

His disciples remembered that it is written:

> "The zeal of your house
> will consume me."[4]

2:18 απεκριθησαν ουν οι ιουδαιοι και ειπαν αυτω τι σημειον δεικνυεις ημιν οτι ταυτα ποιεις

Then the Jews answered and said to Him, "What sign do you show us that you do these *things*?"

2:19 απεκριθη ιησους και ειπεν αυτοις λυσατε τον ναον τουτον και [εν] τρισιν ημεραις εγερω αυτον

Jesus answered and said to them, "Undo this temple and [in] three days I will raise Him."

2:20 ειπαν ουν οι ιουδαιοι τεσσερακοντα και εξ ετεσιν

---

[4] Psalm 69:9.

οικοδομηθη ο ναος ουτος και συ εν τρισιν ημεραις εγερεις αυτον

The Jews said, "This temple has been built in forty-six years, and will you raise him in three days?"

2:21 εκεινος δε ελεγεν περι του ναου του σωματος αυτου

Yet He was speaking about the temple of His body.

2:22 οτε ουν ηγερθη εκ νεκρων εμνησθησαν οι μαθηται αυτου οτι τουτο ελεγεν και επιστευσαν τη γραφη και τω λογω ον ειπεν ο ιησους

When, then, He was raised from *the* dead, His disciples remembered that He was saying this, and they believed the scriptures and the word which Jesus spoke.

2:23 ως δε ην εν τοις ιεροσολυμοις εν τω πασχα εν τη εορτη πολλοι επιστευσαν εις το ονομα αυτου θεωρουντες αυτου τα σημεια α εποιει

As He was among the Jerusalemites in the Passover, in the feast, many believed in His name, seeing the signs which He worked.

2:24 αυτος δε ιησους ουκ επιστευεν αυτον αυτοις δια το αυτον γινωσκειν παντας

Yet Jesus did not trust Himself to them, because He knew all *things,*

2:25 και οτι ου χρειαν ειχεν ινα τις μαρτυρηση περι του ανθρωπου αυτος γαρ εγινωσκεν τι ην εν τω ανθρωπω

and because He had no need that someone testify about the man

– for He knew what was in the man.

Jesus and Nicodemus

3:1 ην δε ανθρωπος εκ των φαρισαιων νικοδημος ονομα αυτω αρχων των ιουδαιων

There was *a* man of the Pharisees, Nicodemus[5] *a* name to him, *a* ruler of the Jews.

3:2 ουτος ηλθεν προς αυτον νυκτος και ειπεν αυτω ραββι οιδαμεν οτι απο θεου εληλυθας διδασκαλος ουδεις γαρ δυναται ταυτα τα σημεια ποιειν α συ ποιεις εαν μη η ο θεος μετ αυτου

This *man* came to Him by night and said to Him, "Rabbi, we know that you have come *as a* teacher from God, for no one can do the signs that you do if God is not with him."

3:3 απεκριθη ιησους και ειπεν αυτω αμην αμην λεγω σοι εαν μη τις γεννηθη ανωθεν ου δυναται ιδειν την βασιλειαν του θεου

Jesus answered and said to him, "Amen, amen, I say to you, unless someone is born from above, he cannot see the kingdom of God."

3:4 λεγει προς αυτον [ο] νικοδημος πως δυναται ανθρωπος γεννηθηναι γερων ων μη δυναται εις την κοιλιαν της μητρος αυτου δευτερον εισελθειν και γεννηθηναι

Nicodemus says to Him, "How can *a* man be born, being old? He can't go into the womb of his mother *a* second *time* and be

---

[5] Nicodemus, Νικόδημος in Greek, means "conqueror."

born, can he?"

3:5 απεκριθη [ο] ιησους αμην αμην λεγω σοι εαν μη τις γεννηθη εξ υδατος και πνευματος ου δυναται εισελθειν εις την βασιλειαν του θεου

Jesus answered, "Amen, amen, I say to you, unless someone is born from water and Spirit, he cannot go into the kingdom of God.

3:6 το γεγεννημενον εκ της σαρκος σαρξ εστιν και το γεγεννημενον εκ του πνευματος πνευμα εστιν

"The *one* having been born from the flesh is flesh, and the *one* having been born from the Spirit is Spirit.

3:7 μη θαυμασης οτι ειπον σοι δει υμας γεννηθηναι ανωθεν

"Don't be amazed that I said to you, 'It is necessary for you to be born from above.'

3:8 το πνευμα οπου θελει πνει και την φωνην αυτου ακουεις αλλ ουκ οιδας ποθεν ερχεται και που υπαγει ουτως εστιν πας ο γεγεννημενος εκ του πνευματος

"The wind blows where it wills, and you hear its sound, but you don't know where it comes from and where it is going. So is everyone having been born of the Spirit."

3:9 απεκριθη νικοδημος και ειπεν αυτω πως δυναται ταυτα γενεσθαι

Nicodemus answered and said to Him, "How can these *things* happen?"

3:10 απεκριθη ιησους και ειπεν αυτω συ ει ο διδασκαλος του ισραηλ και ταυτα ου γινωσκεις

Jesus answered and said to him, "Are you the teacher of Israel and you don't know these *things*?

3:11 αμην αμην λεγω σοι οτι ο οιδαμεν λαλουμεν και ο εωρακαμεν μαρτυρουμεν και την μαρτυριαν ημων ου λαμβανετε

"Amen, amen, I say to you that we speak what we've known, and testify to what we've heard, and you don't receive our testimony.

3:12 ει τα επιγεια ειπον υμιν και ου πιστευετε πως εαν ειπω υμιν τα επουρανια πιστευσετε

"If I spoke to you about the earthly and you don't believe, how will you believe if I speak to you about the heavenly?

No One Has Gone Up
3:13 και ουδεις αναβεβηκεν εις τον ουρανον ει μη ο εκ του ουρανου καταβας ο υιος του ανθρωπου

"No one has gone up into the sky except the *one* having come down from the sky – the Son of Man,

3:14 και καθως μωυσης υψωσεν τον οφιν εν τη ερημω ουτως υψωθηναι δει τον υιον του ανθρωπου

"and just as Moses lifted up the snake in the desert, so it is necessary for the Son of Man to be lifted up,[6]

---

[6] See Numbers 21:7-9.

3:15 ινα πας ο πιστευων εν αυτω εχη ζωην αιωνιον

"that everyone believing in Him may have eternal life.

3:16 ουτως γαρ ηγαπησεν ο θεος τον κοσμον ωστε τον υιον τον μονογενη εδωκεν ινα πας ο πιστευων εις αυτον μη αποληται αλλ εχη ζωην αιωνιον

"For God loved the world in this way: that He gave the only-born Son, that everyone believing in Him may not be destroyed, but may have eternal life.

3:17 ου γαρ απεστειλεν ο θεος τον υιον εις τον κοσμον ινα κρινη τον κοσμον αλλ ινα σωθη ο κοσμος δι αυτου

"For God did not send the Son into the world that He might judge the world, but that the world might be saved through Him.

3:18 ο πιστευων εις αυτον ου κρινεται ο μη πιστευων ηδη κεκριται οτι μη πεπιστευκεν εις το ονομα του μονογενους υιου του θεου

"The *one* believing in Him is not judged. The *one* not believing has already been judged, because he hasn't believed in the name of the only-born Son of God.

3:19 αυτη δε εστιν η κρισις οτι το φως εληλυθεν εις τον κοσμον και ηγαπησαν οι ανθρωποι μαλλον το σκοτος η το φως ην γαρ αυτων πονηρα τα εργα

"Yet this is the judgment: that the light has come into the world, and men loved the shadows rather than the light, for their works were wicked.

3:20 πας γαρ ο φαυλα πρασσων μισει το φως και ουκ ερχεται προς το φως ινα μη ελεγχθη τα εργα αυτου

"For everyone working wrong hates the light and doesn't come to the light, that their works may not be rebuked.

3:21 ο δε ποιων την αληθειαν ερχεται προς το φως ινα φανερωθη αυτου τα εργα οτι εν θεω εστιν ειργασμενα

"Yet the *one* working the truth comes to the light that his works may be revealed, because they are done in God."

Jesus Goes into Judea

3:22 μετα ταυτα ηλθεν ο ιησους και οι μαθηται αυτου εις την ιουδαιαν γην και εκει διετριβεν μετ αυτων και εβαπτιζεν

After these *things*, Jesus came into the land of Judea, and His disciples, and He stayed there with them and was baptizing.

3:23 ην δε και [ο] ιωαννης βαπτιζων εν αινων εγγυς του σαλειμ οτι υδατα πολλα ην εκει και παρεγινοντο και εβαπτιζοντο

John also was baptizing in Aenon, near Salim, for much water was there, and they were coming and being baptized,

3:24 ουπω γαρ ην βεβλημενος εις την φυλακην ιωαννης

for John was not yet thrown into prison.

3:25 εγενετο ουν ζητησις εκ των μαθητων ιωαννου μετα ιουδαιου περι καθαρισμου

A debate happened, then, between John's disciples with the Jews concerning cleansing,

3:26 και ηλθον προς τον ιωαννην και ειπαν αυτω ραββι ος ην μετα σου περαν του ιορδανου ω συ μεμαρτυρηκας ιδε ουτος βαπτιζει και παντες ερχονται προς αυτον

and they came to John and said to him, "Rabbi the *one* who was with you across the Jordan, of whom you testified, look! This *man* baptizes, and all are going to Him."

3:27 απεκριθη ιωαννης και ειπεν ου δυναται ανθρωπος λαμβανειν ουδεν εαν μη η δεδομενον αυτω εκ του ουρανου

John answered and said, "*A* man cannot receive anything unless it is given him from the sky.

3:28 αυτοι υμεις μοι μαρτυρειτε οτι ειπον [εγω] ουκ ειμι εγω ο χριστος αλλ οτι απεσταλμενος ειμι εμπροσθεν εκεινου

"You yourselves testify to me that I said, 'I am not the Christ', but that I was sent before Him.

3:29 ο εχων την νυμφην νυμφιος εστιν ο δε φιλος του νυμφιου ο εστηκως και ακουων αυτου χαρα χαιρει δια την φωνην του νυμφιου αυτη ουν η χαρα η εμη πεπληρωται

"The *one* having the bride is the bridegroom, yet the friend of the bridegroom, the *one* standing by and hearing him, rejoices with joy over the bridegroom's voice. This joy of mine, then, is completed.

3:30 εκεινον δει αυξανειν εμε δε ελαττουσθαι

"It is necessary for that *man* to increase, yet for me to decrease.'

Who Comes From Above

3:31 ο ανωθεν ερχομενος επανω παντων εστιν ο ων εκ της γης εκ της γης εστιν και εκ της γης λαλει ο εκ του ουρανου ερχομενος επανω παντων εστιν

The *one* coming down from above is above all. The *one* being of the earth is of the earth, and he speaks of the earth. The *one* coming from the sky is above all.

3:32 ο εωρακεν και ηκουσεν τουτο μαρτυρει και την μαρτυριαν αυτου ουδεις λαμβανει

What He has seen and heard, this He testifies to, and no one receives His testimony.

3:33 ο λαβων αυτου την μαρτυριαν εσφραγισεν οτι ο θεος αληθης εστιν

The *one* receiving His testimony acknowledges that God is true,

3:34 ον γαρ απεστειλεν ο θεος τα ρηματα του θεου λαλει ου γαρ εκ μετρου διδωσιν το πνευμα

for *the One* whom God sent speaks the words of God – for He does not give the Spirit by measure.

3:35 ο πατηρ αγαπα τον υιον και παντα δεδωκεν εν τη χειρι αυτου

The Father loves the Son and has given all into His hand.

3:36 ο πιστευων εις τον υιον εχει ζωην αιωνιον ο δε απειθων τω υιω ουκ οψεται ζωην αλλ η οργη του θεου μενει επ αυτον

The *one* believing in the Son has eternal life. The *one* disbelieving the Son will not see life, but the wrath of God remains on him."

Jesus Sets Out For Galilee

4:1 ως ουν εγνω ο κυριος οτι ηκουσαν οι φαρισαιοι οτι ιησους πλειονας μαθητας ποιει και βαπτιζει [η] ιωαννης

As, then, the Lord knew that the Pharisees heard that, "Jesus makes and baptizes more disciples than John,"

4:2 καιτοιγε ιησους αυτος ουκ εβαπτιζεν αλλ οι μαθηται αυτου

– although Jesus Himself didn't baptize, but His disciples –

4:3 αφηκεν την ιουδαιαν και απηλθεν παλιν εις την γαλιλαιαν

He left Judea and went again into Galilee.

4:4 εδει δε αυτον διερχεσθαι δια της σαμαρειας

Yet it was necessary for Him to pass through the Samaritans.

The Woman at the Well

4:5 ερχεται ουν εις πολιν της σαμαρειας λεγομενην συχαρ πλησιον του χωριου ο εδωκεν ιακωβ [τω] ιωσηφ τω υιω αυτου

He comes, then, to *a* city of the Samaritans[7] called Suchar, *a*

---

[7] Samaria, Σαμάρεια in Greek, means "guardianship." It became capital of Israel after Solomon's death, when the northern tribes separated from Judah.

neighbor of the field which Jacob gave to Joseph his son.

4:6 ην δε εκει πηγη του ιακωβ ο ουν ιησους κεκοπιακως εκ της οδοιποριας εκαθεζετο ουτως επι τη πηγη ωρα ην ως εκτη

The well of Jacob was there. Jesus, weary from the journey, sat so at the well. It was like the sixth hour.

4:7 ερχεται γυνη εκ της σαμαρειας αντλησαι υδωρ λεγει αυτη ο ιησους δος μοι πειν

A woman of the Samaritans comes to draw water. Jesus says to her, "Give me to drink."

4:8 οι γαρ μαθηται αυτου απεληλυθεισαν εις την πολιν ινα τροφας αγορασωσιν

(For His disciples had gone away into the city so they could buy food.)

4:9 λεγει ουν αυτω η γυνη η σαμαριτις πως συ ιουδαιος ων παρ εμου πειν αιτεις γυναικος σαμαριτιδος ουσης [ου γαρ συγχρωνται ιουδαιοι σαμαριταις]

Then the Samaritan woman says to Him, "How do you, being *a* Jew, ask water from me, being *a* Samaritan woman?"

(For Jews don't associate with Samaritans.)

4:10 απεκριθη ιησους και ειπεν αυτη ει ηδεις την δωρεαν του θεου και τις εστιν ο λεγων σοι δος μοι πειν συ αν ητησας αυτον και εδωκεν αν σοι υδωρ ζων

Jesus answered and said to her, "If you knew the gift of God, and who is the *one* saying to you, 'Give me to drink', you would have asked Him, and He would have given you living water."

4:11 λεγει αυτω κυριε ουτε αντλημα εχεις και το φρεαρ εστιν βαθυ ποθεν ουν εχεις το υδωρ το ζων

She says to Him, "Sir, you don't have *a* bucket and the well is deep. How, then, do you have living water?

4:12 μη συ μειζων ει του πατρος ημων ιακωβ ος εδωκεν ημιν το φρεαρ και αυτος εξ αυτου επιεν και οι υιοι αυτου και τα θρεμματα αυτου

"Are you greater than our father Jacob who gave us this well and drank from it, *he* and his sons, and his animals?"

4:13 απεκριθη ιησους και ειπεν αυτη πας ο πινων εκ του υδατος τουτου διψησει παλιν

Jesus answered and said to her, "Everyone drinking from this water will thirst again.

4:14 ος δ αν πιη εκ του υδατος ου εγω δωσω αυτω ου μη διψησει εις τον αιωνα αλλα το υδωρ ο δωσω αυτω γενησεται εν αυτω πηγη υδατος αλλομενου εις ζωην αιωνιον

"Yet whoever drinks from the water which I will give him will not thirst again to eternity. But the water which I will give him will become in him *a* well of water welling up to eternal life."

4:15 λεγει προς αυτον η γυνη κυριε δος μοι τουτο το υδωρ ινα μη διψω μηδε διερχωμαι ενθαδε αντλειν

The woman says to Him, "Sir, give me this water, that I neither thirst nor come here to draw."

4:16 λεγει αυτη υπαγε φωνησον σου τον ανδρα και ελθε ενθαδε

He says to her, "Go, call your husband, and come here."

4:17 απεκριθη η γυνη και ειπεν [αυτω] ουκ εχω ανδρα λεγει αυτη ο ιησους καλως ειπας οτι ανδρα ουκ εχω

The woman answered and said [to Him], "I don't have *a* husband."

Jesus says to her, "You've spoken well that you don't have *a* husband,

4:18 πεντε γαρ ανδρας εσχες και νυν ον εχεις ουκ εστιν σου ανηρ τουτο αληθες ειρηκας

"for you've had five husbands, and the *one* whom you have now is not your husband. You spoke this truthfully."

4:19 λεγει αυτω η γυνη κυριε θεωρω οτι προφητης ει συ

The woman says to Him, "Sir, I see that you are *a* prophet.

4:20 οι πατερες ημων εν τω ορει τουτω προσεκυνησαν και υμεις λεγετε οτι εν ιεροσολυμοις εστιν ο τοπος οπου προσκυνειν δει

"Our fathers worshiped on this mountain, and you[8] say that in Jerusalem is the place where it is necessary to worship."

------

[8] You is plural, here, as in "you the Jews."

4:21 λεγει αυτη ο ιησους πιστευε μοι γυναι οτι ερχεται ωρα οτε ουτε εν τω ορει τουτω ουτε εν ιεροσολυμοις προσκυνησετε τω πατρι

Jesus says to her, "Believe me, woman, that *an* hour comes when you[9] will worship the Father neither on this mountain nor in Jerusalem.

4:22 υμεις προσκυνειτε ο ουκ οιδατε ημεις προσκυνουμεν ο οιδαμεν οτι η σωτηρια εκ των ιουδαιων εστιν

"You worship what you don't know. We worship what we know, for salvation is from the Jews.

4:23 αλλα ερχεται ωρα και νυν εστιν οτε οι αληθινοι προσκυνηται προσκυνησουσιν τω πατρι εν πνευματι και αληθεια και γαρ ο πατηρ τοιουτους ζητει τους προσκυνουντας αυτον

"But *an* hour comes and now is when the true worshipers will worship the Father in spirit and truth, and the Father seeks such *as* His worshipers.

4:24 πνευμα ο θεος και τους προσκυνουντας αυτον εν πνευματι και αληθεια δει προσκυνειν

"God is Spirit, and it is necessary for those worshiping Him to worship in spirit and truth."

4:25 λεγει αυτω η γυνη οιδα οτι μεσσιας ερχεται ο λεγομενος χριστος οταν ελθη εκεινος αναγγελει ημιν απαντα

---

[9] Again, the you here is plural.

The woman says to Him, "I know that Messiah comes, the *One* called Christ. When He comes, He will tell us all."

4:26 λεγει αυτη ο ιησους εγω ειμι ο λαλων σοι

Jesus says to her, "I am the *one* speaking to you."

4:27 και επι τουτω ηλθαν οι μαθηται αυτου και εθαυμαζον οτι μετα γυναικος ελαλει ουδεις μεντοι ειπεν τι ζητεις η τι λαλεις μετ αυτης

At this, his disciples came and were astonished that he was talking with *a* woman. Nevertheless, no one said, "What do you want", or "Why are you talking with her?"

4:28 αφηκεν ουν την υδριαν αυτης η γυνη και απηλθεν εις την πολιν και λεγει τοις ανθρωποις

The woman then left her water jug and went into the city, and she says to the men,

4:29 δευτε ιδετε ανθρωπον ος ειπεν μοι παντα α εποιησα μητι ουτος εστιν ο χριστος

"Come, see *a* man who told me all that I have done! This isn't the Christ, is it?"

4:30 εξηλθον εκ της πολεως και ηρχοντο προς αυτον

They came out of the city and went to Him.

Jesus' Food
4:31 εν τω μεταξυ ηρωτων αυτον οι μαθηται λεγοντες ραββι φαγε

In the meantime, the disciples asked Him, saying, "Rabbi, eat!"

4:32 ο δε ειπεν αυτοις εγω βρωσιν εχω φαγειν ην υμεις ουκ οιδατε

He said to them, "I have food to eat which you don't know."

4:33 ελεγον ουν οι μαθηται προς αλληλους μη τις ηνεγκεν αυτω φαγειν

The disciples began saying to each other, "Did someone bring Him something to eat?"

4:34 λεγει αυτοις ο ιησους εμον βρωμα εστιν ινα ποιησω το θελημα του πεμψαντος με και τελειωσω αυτου το εργον

Jesus says to them, "It is my food that I do the will of the *One* having sent me, and I complete His work.

4:35 ουχ υμεις λεγετε οτι ετι τετραμηνος εστιν και ο θερισμος ερχεται ιδου λεγω υμιν επαρατε τους οφθαλμους υμων και θεασασθε τας χωρας οτι λευκαι εισιν προς θερισμον ηδη

"Don't you say, 'It is yet three months and the harvest comes'? Look! I say to you, lift up your eyes and see the fields, that they are already white to harvest!

4:36 ο θεριζων μισθον λαμβανει και συναγει καρπον εις ζωην αιωνιον ινα ο σπειρων ομου χαιρη και ο θεριζων

"The harvester receives *a* reward, and gathers fruit into eternal life, that the sower rejoices together and the harvester.

4:37 εν γαρ τουτω ο λογος εστιν αληθινος οτι αλλος εστιν ο σπειρων και αλλος ο θεριζων

"For the word is true in this: that the sower is one, and the harvester another.

4:38 εγω απεστειλα υμας θεριζειν ο ουχ υμεις κεκοπιακατε αλλοι κεκοπιακασιν και υμεις εις τον κοπον αυτων εισεληλυθατε

"I have sent you to harvest what you haven't labored for. Others labored, and you entered into their labor."

4:39 εκ δε της πολεως εκεινης πολλοι επιστευσαν εις αυτον των σαμαριτων δια τον λογον της γυναικος μαρτυρουσης οτι ειπεν μοι παντα α εποιησα

Yet many of the Samaritans from that city believed in Him through the word of the woman's testimony, that, "He told me all that I have done."

4:40 ως ουν ηλθον προς αυτον οι σαμαριται ηρωτων αυτον μειναι παρ αυτοις και εμεινεν εκει δυο ημερας

As the Samaritans came to Him, then, they asked Him to stay with them, and He stayed there two days,

4:41 και πολλω πλειους επιστευσαν δια τον λογον αυτου

and many more believed through His word;

4:42 τη τε γυναικι ελεγον [οτι] ουκετι δια την σην λαλιαν πιστευομεν αυτοι γαρ ακηκοαμεν και οιδαμεν οτι ουτος εστιν αληθως ο σωτηρ του κοσμου

and they were saying to the woman, "We no longer believe

through your speech, for we ourselves have heard and known that this truly is the Savior of the world."

Jesus Returns to Galilee

4:43 μετα δε τας δυο ημερας εξηλθεν εκειθεν εις την γαλιλαιαν

Yet after the two days, He went out from there into Galilee,

4:44 αυτος γαρ ιησους εμαρτυρησεν οτι προφητης εν τη ιδια πατριδι τιμην ουκ εχει

for Jesus Himself testified that *a* prophet has no honor in his own country.

4:45 οτε ουν ηλθεν εις την γαλιλαιαν εδεξαντο αυτον οι γαλιλαιοι παντα εωρακοτες οσα εποιησεν εν ιεροσολυμοις εν τη εορτη και αυτοι γαρ ηλθον εις την εορτην

When He came into Galilee, then, the Galileans received Him, having seen all, as much as He did in Jerusalem at the feast – for they too went to the feast.

Jesus Heals a Ruler's Son

4:46 ηλθεν ουν παλιν εις την κανα της γαλιλαιας οπου εποιησεν το υδωρ οινον και ην τις βασιλικος ου ο υιος ησθενει εν καφαρναουμ

He came again into Cana of Galilee where He made the water wine, and *there* was *a* certain royal *official* whose son was sick in Capernaum.

4:47 ουτος ακουσας οτι ιησους ηκει εκ της ιουδαιας εις την γαλιλαιαν απηλθεν προς αυτον και ηρωτα ινα καταβη και ιασηται αυτου τον υιον ημελλεν γαρ αποθνησκειν

This *man*, having heard that Jesus comes from Judea into Galilee, went out to Him and begged Him that He go down and heal his son, for he was about to die.

4:48 ειπεν ουν ο ιησους προς αυτον εαν μη σημεια και τερατα ιδητε ου μη πιστευσητε

Jesus said to him, "Unless you see signs and wonders, you won't believe."

4:49 λεγει προς αυτον ο βασιλικος κυριε καταβηθι πριν αποθανειν το παιδιον μου

The royal *official* says to Him, "Sir, come down before my child dies!"

4:50 λεγει αυτω ο ιησους πορευου ο υιος σου ζη επιστευσεν ο ανθρωπος τω λογω ον ειπεν αυτω ο ιησους και επορευετο

Jesus says to him, "Go. Your son lives."

The man believed the word Jesus spoke to him, and he went.

4:51 ηδη δε αυτου καταβαινοντος οι δουλοι αυτου υπηντησαν αυτω λεγοντες οτι ο παις αυτου ζη

Yet *while* he *was* already going down, his slaves met him, saying that his child lives.

4:52 επυθετο ουν την ωραν παρ αυτων εν η κομψοτερον εσχεν ειπαν ουν αυτω οτι εχθες ωραν εβδομην αφηκεν αυτον ο πυρετος

He inquired from them the hour in which the recovery took hold. They said to him that, "Yesterday around the seventh hour the fever released him."

4:53 εγνω ουν ο πατηρ οτι εκεινη τη ωρα εν η ειπεν αυτω ο ιησους ο υιος σου ζη και επιστευσεν αυτος και η οικια αυτου ολη

The father knew that in that very hour Jesus said to him, "Your son lives," and he believed, and all his household.

4:54 τουτο [δε] παλιν δευτερον σημειον εποιησεν ο ιησους ελθων εκ της ιουδαιας εις την γαλιλαιαν

[Yet] Jesus worked this second sign again, coming from Judea to Galilee.

A Healing at Bethzatha

5:1 μετα ταυτα ην εορτη των ιουδαιων και ανεβη ιησους εις ιεροσολυμα

The feast of the Jews was after these *events*, and Jesus went up to Jerusalem.

5:2 εστιν δε εν τοις ιεροσολυμοις επι τη προβατικη κολυμβηθρα η επιλεγομενη εβραιστι βηθζαθα πεντε στοας εχουσα

There is among the Jerusalemites at the sheep pool the *one* called Bethzatha in Hebrew, having five porticos.

5:3 εν ταυταις κατεκειτο πληθος των ασθενουντων τυφλων χωλων ξηρων

A multitude of the sick, blind, lame, *and* paralyzed was placed in these *porticos.*[10]

5:5 ην δε τις ανθρωπος εκει τριακοντα [και] οκτω ετη εχων εν τη ασθενεια αυτου

Yet *a* certain man was there, having thirty-eight years in his sickness.

5:6 τουτον ιδων ο ιησους κατακειμενον και γνους οτι πολυν ηδη χρονον εχει λεγει αυτω θελεις υγιης γενεσθαι

Jesus, seeing him and knowing that already he has much time *in his illness*, says to him, "Do you want to be whole?"

5:7 απεκριθη αυτω ο ασθενων κυριε ανθρωπον ουκ εχω ινα οταν ταραχθη το υδωρ βαλη με εις την κολυμβηθραν εν ω δε ερχομαι εγω αλλος προ εμου καταβαινει

The sick *man* answered Him, "Sir, I have no man that when the water is stirred he can put me into the pool. Yet while I am coming, another goes down before me."

5:8 λεγει αυτω ο ιησους εγειρε αρον τον κραβαττον σου και περιπατει

Jesus says to him, "Get up, take your cot, and walk."

5:9 και ευθεως εγενετο υγιης ο ανθρωπος και ηρεν τον κραβαττον αυτου και περιεπατει ην δε σαββατον εν εκεινη τη

---

[10] AV adds omitted verse 4: *For an angel went down at a certain season into the pool, and troubled the water: whosoever then first after the troubling of the water stepped in was made whole of whatsoever disease he had.*

ημερα

The man became whole at once, and took up his cot, and walked. Yet it was the Sabbath on that day.

Controversy over the Sabbath

5:10 ελεγον ουν οι ιουδαιοι τω τεθεραπευμενω σαββατον εστιν και ουκ εξεστιν σοι αραι τον κραβαττον

The Jews then began saying to the *one* healed, "It is the Sabbath, and it isn't lawful to you to take up your cot."

5:11 ος δε απεκριθη αυτοις ο ποιησας με υγιη εκεινος μοι ειπεν αρον τον κραβαττον σου και περιπατει

He said to them, "The *one* having made me whole, that *man* said to me, 'Take up your cot and walk'."

5:12 ηρωτησαν αυτον τις εστιν ο ανθρωπος ο ειπων σοι αρον και περιπατει

They asked him, "Who is the man saying to you, 'Take up and walk'?"

5:13 ο δε ιαθεις ουκ ηδει τις εστιν ο γαρ ιησους εξενευσεν οχλου οντος εν τω τοπω

Yet the healed *one* didn't know who he is, for Jesus had gone out, *a* crowd being in the place.

5:14 μετα ταυτα ευρισκει αυτον [ο] ιησους εν τω ιερω και ειπεν αυτω ιδε υγιης γεγονας μηκετι αμαρτανε ινα μη χειρον σοι τι γενηται

After these *things*, Jesus finds him in the temple, and He said to him, "Look! You've become whole. Sin no more, that something worse not happen to you."

5:15 απηλθεν ο ανθρωπος και ειπεν τοις ιουδαιοις οτι ιησους εστιν ο ποιησας αυτον υγιη

The man went out and said to the Jews that Jesus is the *man* having made him whole.

The Jews Persecute Jesus
5:16 και δια τουτο εδιωκον οι ιουδαιοι τον ιησουν οτι ταυτα εποιει εν σαββατω

For this *reason*, the Jews persecuted Jesus, because He was doing these *things* on the Sabbath.

5:17 ο δε απεκρινατο αυτοις ο πατηρ μου εως αρτι εργαζεται καγω εργαζομαι

Yet He answered them, "My Father is working until now, and I am working too."

5:18 δια τουτο ουν μαλλον εζητουν αυτον οι ιουδαιοι αποκτειναι οτι ου μονον ελυεν το σαββατον αλλα και πατερα ιδιον ελεγεν τον θεον ισον εαυτον ποιων τω θεω

For this *reason*, the Jews sought more to kill *Him*, because He not only broke the Sabbath, but was saying God *was* his own Father, making Himself equal to God.

I Can't Do Anything
5:19 απεκρινατο ουν [ο ιησους] και ελεγεν αυτοις αμην αμην λεγω υμιν ου δυναται ο υιος ποιειν αφ εαυτου ουδεν εαν μη τι

βλεπη τον πατερα ποιουντα α γαρ αν εκεινος ποιη ταυτα και ο
υιος ομοιως ποιει

Jesus answered and began saying to them, "Amen, amen, I say to
you that the Son can't do anything of Himself unless He sees the
Father doing it. For whatever that *One* does, the Son also does
these likewise.

5:20 ο γαρ πατηρ φιλει τον υιον και παντα δεικνυσιν αυτω α
αυτος ποιει και μειζονα τουτων δειξει αυτω εργα ινα υμεις
θαυμαζητε

"For the Father loves the Son, and shows Him all that He does,
and He will show Him greater works than these, that you may
marvel.

5:21 ωσπερ γαρ ο πατηρ εγειρει τους νεκρους και ζωοποιει
ουτως και ο υιος ους θελει ζωοποιει

"For just as the Father raises the dead and makes alive, so also
the Son makes alive *those* whom He wants.

5:22 ουδε γαρ ο πατηρ κρινει ουδενα αλλα την κρισιν πασαν
δεδωκεν τω υιω

"For the Father judges no one, but has given all the judgment to
the Son,

5:23 ινα παντες τιμωσιν τον υιον καθως τιμωσιν τον πατερα ο μη
τιμων τον υιον ου τιμα τον πατερα τον πεμψαντα αυτον

"that all may honor the Son just as they honor the Father. The
one not honoring the Son does not honor the Father, the *One*
having sent Him.

Who Hears and Believes

5:24 αμην αμην λεγω υμιν οτι ο τον λογον μου ακουων και πιστευων τω πεμψαντι με εχει ζωην αιωνιον και εις κρισιν ουκ ερχεται αλλα μεταβεβηκεν εκ του θανατου εις την ζωην

"Amen, amen, I say to you that the *one* hearing my word and believing the *One* having sent me has eternal life and does not come into judgment, but has crossed over from the death into the life.

5:25 αμην αμην λεγω υμιν οτι ερχεται ωρα και νυν εστιν οτε οι νεκροι ακουσουσιν της φωνης του υιου του θεου και οι ακουσαντες ζησουσιν

"Amen, amen, I say to you that *an* hour comes and now is when the dead will hear the voice of the Son of God, and the *ones* having heard will live.

5:26 ωσπερ γαρ ο πατηρ εχει ζωην εν εαυτω ουτως και τω υιω εδωκεν ζωην εχειν εν εαυτω

"For just as the Father has life in Himself, so He has also given the Son to have life in Himself;

5:27 και εξουσιαν εδωκεν αυτω κρισιν ποιειν οτι υιος ανθρωπου εστιν

"and He has given Him authority to work judgment because He is man's Son.

About the Resurrection

5:28 μη θαυμαζετε τουτο οτι ερχεται ωρα εν η παντες οι εν τοις μνημειοις ακουσουσιν της φωνης αυτου

"Don't be amazed at this, that *an* hour comes in which all those in the tombs will hear His voice,

5:29 και εκπορευσονται οι τα αγαθα ποιησαντες εις αναστασιν ζωης οι τα φαυλα πραξαντες εις αναστασιν κρισεως

"and will come out: those doing the good to the resurrection of life; those practicing the wrong into the resurrection of judgment.

5:30 ου δυναμαι εγω ποιειν απ εμαυτου ουδεν καθως ακουω κρινω και η κρισις η εμη δικαια εστιν οτι ου ζητω το θελημα το εμον αλλα το θελημα του πεμψαντος με

"I can do nothing of myself. As I hear, I judge, and my judgment is righteous because I don't seek my will, but the will of the *One* having sent me.

5:31 εαν εγω μαρτυρω περι εμαυτου η μαρτυρια μου ουκ εστιν αληθης

"If I testify about myself, my testimony is not true.

5:32 αλλος εστιν ο μαρτυρων περι εμου και οιδα οτι αληθης εστιν η μαρτυρια ην μαρτυρει περι εμου

"Another is the *One* testifying about me, and I know that the testimony which He testifies about me is true.

Whose Testimony
5:33 υμεις απεσταλκατε προς ιωαννην και μεμαρτυρηκεν τη αληθεια

"You sent to John, and he has testified to the truth.

5:34 εγω δε ου παρα ανθρωπου την μαρτυριαν λαμβανω αλλα ταυτα λεγω ινα υμεις σωθητε

"Yet I do not receive the testimony from man, but I say these *things* that you may be saved.

5:35 εκεινος ην ο λυχνος ο καιομενος και φαινων υμεις δε ηθελησατε αγαλλιαθηναι προς ωραν εν τω φωτι αυτου

"That *man* was the burning and shining light, yet you were willing to rejoice for *an* hour in his light.

5:36 εγω δε εχω την μαρτυριαν μειζω του ιωαννου τα γαρ εργα α δεδωκεν μοι ο πατηρ ινα τελειωσω αυτα αυτα τα εργα α ποιω μαρτυρει περι εμου οτι ο πατηρ με απεσταλκεν

"Yet I have *a* greater testimony than John, for the works which the Father has given me that I complete them, these works which I do testify about me that the Father has sent me.

The Father Himself Testifies
5:37 και ο πεμψας με πατηρ εκεινος μεμαρτυρηκεν περι εμου ουτε φωνην αυτου πωποτε ακηκοατε ουτε ειδος αυτου εωρακατε

"The Father having sent me, He testifies about me. You have never heard His voice nor have you seen His image,

5:38 και τον λογον αυτου ουκ εχετε εν υμιν μενοντα οτι ον απεστειλεν εκεινος τουτω υμεις ου πιστευετε

"and you don't have His word dwelling in you, because *the One* whom He sent, this *one* you haven't believed.

5:39 εραυνατε τας γραφας οτι υμεις δοκειτε εν αυταις ζωην αιωνιον εχειν και εκειναι εισιν αι μαρτυρουσαι περι εμου

"You search the scriptures because you think to have eternal life in them, and these are the *ones* testifying about me,

5:40 και ου θελετε ελθειν προς με ινα ζωην εχητε

"and you don't want to come to me that you may have life.

5:41 δοξαν παρα ανθρωπων ου λαμβανω

"I don't receive glory from men,

5:42 αλλα εγνωκα υμας οτι την αγαπην του θεου ουκ εχετε εν εαυτοις

"but I've known you, that you don't have the love of God in yourselves.

5:43 εγω εληλυθα εν τω ονοματι του πατρος μου και ου λαμβανετε με εαν αλλος ελθη εν τω ονοματι τω ιδιω εκεινον λημψεσθε

"I have come forth in the name of my Father, and you don't receive me. If another comes in his own name, that *one* you will receive.

5:44 πως δυνασθε υμεις πιστευσαι δοξαν παρα αλληλων λαμβανοντες και την δοξαν την παρα του μονου [θεου] ου ζητειτε

"How can you believe, receiving glory from one another, and you don't seek the glory from the only [God]?

I Won't Accuse You

5:45 μη δοκειτε οτι εγω κατηγορησω υμων προς τον πατερα εστιν ο κατηγορων υμων μωυσης εις ον υμεις ηλπικατε

"Don't think that I will accuse you with the Father. Moses is the *one* accusing you, the *one* in whom you've hoped.

5:46 ει γαρ επιστευετε μωυσει επιστευετε αν εμοι περι γαρ εμου εκεινος εγραψεν

"For if you believed Moses, you would have believed me also, for he wrote about me.

5:47 ει δε τοις εκεινου γραμμασιν ου πιστευετε πως τοις εμοις ρημασιν πιστευσετε

"Yet if you haven't believed his writings, how will you believe the words about me?"

Jesus Feeds a Multitude

6:1 μετα ταυτα απηλθεν ο ιησους περαν της θαλασσης της γαλιλαιας της τιβεριαδος

After these *things*, Jesus went away across the Sea of Galilee, of Tiberias.

6:2 ηκολουθει δε αυτω οχλος πολυς οτι εθεωρουν τα σημεια α εποιει επι των ασθενουντων

A great crowd was following Him because they saw the signs that He worked on the sick.

6:3 ανηλθεν δε εις το ορος ιησους και εκει εκαθητο μετα των μαθητων αυτου

Yet Jesus went up the mountain and sat there with His disciples.

6:4 ην δε εγγυς το πασχα η εορτη των ιουδαιων

The Passover was near, the feast of the Jews.

6:5 επαρας ουν τους οφθαλμους ο ιησους και θεασαμενος οτι πολυς οχλος ερχεται προς αυτον λεγει προς φιλιππον ποθεν αγορασωμεν αρτους ινα φαγωσιν ουτοι

Then Jesus, having lifted up the eyes and seeing the great crowd comes to Him, says to Philip, "Where can we buy bread so these can eat?"

6:6 τουτο δε ελεγεν πειραζων αυτον αυτος γαρ ηδει τι εμελλεν ποιειν

Yet He was saying this testing him, for He knew what He was about to do.

6:7 απεκριθη αυτω φιλιππος διακοσιων δηναριων αρτοι ουκ αρκουσιν αυτοις ινα εκαστος βραχυ λαβη

Philip answered Him, "Two hundred denarii[11] wouldn't buy bread for them so each could take *a* little."

6:8 λεγει αυτω εις εκ των μαθητων αυτου ανδρεας ο αδελφος σιμωνος πετρου

---

[11] A denarius was a coin worth a day's wage, enough to buy food to feed four people for one day.

One of His disciples, Andrew, the brother of Simon Peter, says to Him,

6:9 εστιν παιδαριον ωδε ος εχει πεντε αρτους κριθινους και δυο οψαρια αλλα ταυτα τι εστιν εις τοσουτους

"*A* boy is here who has five barley loaves and two fish, but what is this among so many?"

6:10 ειπεν ο ιησους ποιησατε τους ανθρωπους αναπεσειν ην δε χορτος πολυς εν τω τοπω ανεπεσαν ουν οι ανδρες τον αριθμον ως πεντακισχιλιοι

Jesus said, "Make the men sit down."

There was much grass in the place. The men sat down, then, the number like five thousand.

6:11 ελαβεν ουν τους αρτους ο ιησους και ευχαριστησας διεδωκεν τοις ανακειμενοις ομοιως και εκ των οψαριων οσον ηθελον

Jesus took the loaves, and having given thanks, He distributed to those sitting down; likewise also from the fish, as much as they wanted.

6:12 ως δε ενεπλησθησαν λεγει τοις μαθηταις αυτου συναγαγετε τα περισσευσαντα κλασματα ινα μη τι αποληται

As they were full, He says to his disciples, "Gather the leftover pieces, that nothing be lost."

6:13 συνηγαγον ουν και εγεμισαν δωδεκα κοφινους κλασματων εκ των πεντε αρτων των κριθινων α επερισσευσαν τοις βεβρωκοσιν

Then they gathered and filled twelve baskets of fragments from the five barley loaves which were left over to those having eaten.

The Multitude Wants to Make Jesus King

6:14 οι ουν ανθρωποι ιδοντες α εποιησεν σημεια ελεγον οτι ουτος εστιν αληθως ο προφητης ο ερχομενος εις τον κοσμον

The men, seeing the sign which He worked, began saying that, "This truly is the prophet coming into the world."

6:15 ιησους ουν γνους οτι μελλουσιν ερχεσθαι και αρπαζειν αυτον ινα ποιησωσιν βασιλεα ανεχωρησεν παλιν εις το ορος αυτος μονος

Then Jesus, knowing that they were about to come and take Him by force so they could make *Him* king, withdrew again to the mountain, He alone.

Jesus Walks on the Sea

6:16 ως δε οψια εγενετο κατεβησαν οι μαθηται αυτου επι την θαλασσαν

Yet as evening came, His disciples went down onto the sea,

6:17 και εμβαντες εις πλοιον ηρχοντο περαν της θαλασσης εις καφαρναουμ και σκοτια ηδη εγεγονει και ουπω εληλυθει προς αυτους ο ιησους

and going up onto *a* boat, they began to cross the sea to Capernaum. Darkness had already fallen, and Jesus had not yet come to them,

6:18 η τε θαλασσα ανεμου μεγαλου πνεοντος διεγειρετο

and the sea surged from *a* great wind blowing.

6:19 εληλακοτες ουν ως σταδιους εικοσι πεντε η τριακοντα
θεωρουσιν τον ιησουν περιπατουντα επι της θαλασσης και εγγυς
του πλοιου γινομενον και εφοβηθησαν

Having rowed, then, around twenty-five or thirty stadia,[12] they
see Jesus walking on the sea and coming near the boat, and they
were frightened.

6:20 ο δε λεγει αυτοις εγω ειμι μη φοβεισθε

He says to them, "I am. Don't be afraid."

6:21 ηθελον ουν λαβειν αυτον εις το πλοιον και ευθεως εγενετο
το πλοιον επι της γης εις ην υπηγον

Then they wanted to take Him into the boat, and at once the boat
came upon the land to which they were going.

The Crowd Pursues Jesus
6:22 τη επαυριον ο οχλος ο εστηκως περαν της θαλασσης ειδον
οτι πλοιαριον αλλο ουκ ην εκει ει μη εν και οτι ου συνεισηλθεν
τοις μαθηταις αυτου ο ιησους εις το πλοιον αλλα μονοι οι
μαθηται αυτου απηλθον

The following morning, the crowd which stood across the sea
saw that no other boat was there except one, and that Jesus had

---

[12] A stade is a Greek measurement of length, roughly 607 feet.
Twenty-five to thirty stadia is between three and three and a half miles.

not gone up into the boat with His disciples, but His disciples had gone away alone.

6:23 αλλα ηλθεν πλοια εκ τιβεριαδος εγγυς του τοπου οπου εφαγον τον αρτον ευχαριστησαντος του κυριου

But boats came from Tiberias, near the place where they ate the bread, the Lord having given thanks.

6:24 οτε ουν ειδεν ο οχλος οτι ιησους ουκ εστιν εκει ουδε οι μαθηται αυτου ενεβησαν αυτοι εις τα πλοιαρια και ηλθον εις καφαρναουμ ζητουντες τον ιησουν

When the crowd saw that Jesus is not there nor His disciples, they went up into the small boats and came to Capernaum, seeking Jesus.

6:25 και ευροντες αυτον περαν της θαλασσης ειπον αυτω ραββι ποτε ωδε γεγονας

Finding Him across the sea, they said to Him, "Rabbi, when did you come here?"

6:26 απεκριθη αυτοις ο ιησους και ειπεν αμην αμην λεγω υμιν ζητειτε με ουχ οτι ειδετε σημεια αλλ οτι εφαγετε εκ των αρτων και εχορτασθητε

Jesus answered them and said, "Amen, amen, I say to you, you seek me not because you saw signs, but because you ate from the bread and were full.

6:27 εργαζεσθε μη την βρωσιν την απολλυμενην αλλα την βρωσιν την μενουσαν εις ζωην αιωνιον ην ο υιος του ανθρωπου υμιν δωσει τουτον γαρ ο πατηρ εσφραγισεν ο θεος

"Don't work for the perishing bread, but the bread remaining to eternal life, which the Son of Man will give you – for God the Father has sealed Him."

6:28 ειπον ουν προς αυτον τι ποιωμεν ινα εργαζωμεθα τα εργα του θεου

Then they said to Him, "What should we do that we may work the works of God?"

6:29 απεκριθη ο ιησους και ειπεν αυτοις τουτο εστιν το εργον του θεου ινα πιστευητε εις ον απεστειλεν εκεινος

Jesus answered and said to them, "This is the work of God: that you believe in *the One* whom He sent."

6:30 ειπον ουν αυτω τι ουν ποιεις συ σημειον ινα ιδωμεν και πιστευσωμεν σοι τι εργαζη

They said to Him, "What sign are you doing that we may see and believe you? What are you working?

6:31 οι πατερες ημων το μαννα εφαγον εν τη ερημω καθως εστιν γεγραμμενον αρτον εκ του ουρανου εδωκεν αυτοις φαγειν

"Our fathers ate the manna in the desert, even as is written:

'He gave them bread from the sky to eat.'"[13]

6:32 ειπεν ουν αυτοις ο ιησους αμην αμην λεγω υμιν ου μωυσης εδωκεν υμιν τον αρτον εκ του ουρανου αλλ ο πατηρ μου διδωσιν

---

[13] See Psalm 105:40.

υμιν τον αρτον εκ του ουρανου τον αληθινον

Jesus said to them, "Amen, amen, I say to you, Moses didn't give you the bread from the sky, but my Father gives you the true bread from the sky –

6:33 ο γαρ αρτος του θεου εστιν ο καταβαινων εκ του ουρανου και ζωην διδους τω κοσμω

"for the bread of God is the *One* coming down from the sky and giving life to the world."

6:34 ειπον ουν προς αυτον κυριε παντοτε δος ημιν τον αρτον τουτον

They said to Him, "Sir, give us this bread always!"

6:35 ειπεν αυτοις ο ιησους εγω ειμι ο αρτος της ζωης ο ερχομενος προς εμε ου μη πειναση και ο πιστευων εις εμε ου μη διψησει πωποτε

Jesus said to them, "I am the bread of life. The *one* coming to me will not hunger, and the *one* believing in me will never thirst.

6:36 αλλ ειπον υμιν οτι και εωρακατε [με] και ου πιστευετε

"But I said to you that you've seen me and you don't believe.

6:37 παν ο διδωσιν μοι ο πατηρ προς εμε ηξει και τον ερχομενον προς με ου μη εκβαλω εξω

"All the Father gives me will come to me, and I will by no means throw out the *one* coming to me;

6:38 οτι καταβεβηκα απο του ουρανου ουχ ινα ποιω το θελημα το εμον αλλα το θελημα του πεμψαντος με

"because I have come down from the sky not that I do my will, but the will of the *One* having sent me.

6:39 τουτο δε εστιν το θελημα του πεμψαντος με ινα παν ο δεδωκεν μοι μη απολεσω εξ αυτου αλλα αναστησω αυτο τη εσχατη ημερα

"Yet this is the will of the *One* having sent me: that I lose nothing of all that He has given me, but I will raise it on the last day.

6:40 τουτο γαρ εστιν το θελημα του πατρος μου ινα πας ο θεωρων τον υιον και πιστευων εις αυτον εχη ζωην αιωνιον και αναστησω αυτον εγω τη εσχατη ημερα

"For this is the will of my Father: that everyone seeing the Son and believing in Him will have eternal life, and I will raise him on the last day."

The Jews Complain
6:41 εγογγυζον ουν οι ιουδαιοι περι αυτου οτι ειπεν εγω ειμι ο αρτος ο καταβας εκ του ουρανου

Then the Jews complained about Him because He said, "I am the bread having come down from the sky."

6:42 και ελεγον ουχι ουτος εστιν ιησους ο υιος ιωσηφ ου ημεις οιδαμεν τον πατερα και την μητερα πως νυν λεγει οτι εκ του ουρανου καταβεβηκα

They began saying, "Isn't this Jesus, the son of Joseph, of whom we know the father and the mother? How now does He say that,

'I have come down from the sky'?"

6:43 απεκριθη ιησους και ειπεν αυτοις μη γογγυζετε μετ αλληλων

Jesus answered and said to them, "Don't complain with each other.

6:44 ουδεις δυναται ελθειν προς με εαν μη ο πατηρ ο πεμψας με ελκυση αυτον καγω αναστησω αυτον εν τη εσχατη ημερα

"No one can come to me unless the Father having sent me draws him – and I will raise him on the last day.

6:45 εστιν γεγραμμενον εν τοις προφηταις και εσονται παντες διδακτοι θεου πας ο ακουσας παρα του πατρος και μαθων ερχεται προς εμε

"It is written in the prophets:

'And all will be taught of God'.[14]

"Everyone having heard from and learning from the Father comes to me,

6:46 ουχ οτι τον πατερα εωρακεν τις ει μη ο ων παρα [του] θεου ουτος εωρακεν τον πατερα

"not that anyone has seen the Father except the *one* being from the Father. This *One* has seen the Father.

---

[14] See Isaiah 54:13.

6:47 αμην αμην λεγω υμιν ο πιστευων εχει ζωην αιωνιον

"Amen, amen, I say to you, the *one* believing has eternal life.

6:48 εγω ειμι ο αρτος της ζωης

"I am the bread of life.

6:49 οι πατερες υμων εφαγον εν τη ερημω το μαννα και απεθανον

"Your fathers ate the manna in the desert and died.

6:50 ουτος εστιν ο αρτος ο εκ του ουρανου καταβαινων ινα τις εξ αυτου φαγη και μη αποθανη

"This is the bread coming down from the sky, that someone eats from it will not die.

6:51 εγω ειμι ο αρτος ο ζων ο εκ του ουρανου καταβας εαν τις φαγη εκ τουτου του αρτου ζησει εις τον αιωνα και ο αρτος δε ον εγω δωσω η σαρξ μου εστιν υπερ της του κοσμου ζωης

"I am the living bread having come down from the sky. If someone eats from this bread he will live in eternity, and the bread which I will give for the world's life is my flesh."

How Can He Give Us His Flesh?
6:52 εμαχοντο ουν προς αλληλους οι ιουδαιοι λεγοντες πως δυναται ουτος ημιν δουναι την σαρκα [αυτου] φαγειν

Then the Jews complained among themselves, saying, "How can this *man* give us [His] flesh to eat?"

6:53 ειπεν ουν αυτοις [ο] ιησους αμην αμην λεγω υμιν εαν μη φαγητε την σαρκα του υιου του ανθρωπου και πιητε αυτου το αιμα ουκ εχετε ζωην εν εαυτοις

Jesus said to them, "Amen, amen, I say to you, unless you eat the flesh of the Son of Man and drink His blood, you do not have life in yourselves.

6:54 ο τρωγων μου την σαρκα και πινων μου το αιμα εχει ζωην αιωνιον καγω αναστησω αυτον τη εσχατη ημερα

"The *one* eating my flesh and drinking my blood has eternal life, and I will raise him on the last day –

6:55 η γαρ σαρξ μου αληθης εστιν βρωσις και το αιμα μου αληθης εστιν ποσις

"for my flesh is true food, and my blood is true drink.

6:56 ο τρωγων μου την σαρκα και πινων μου το αιμα εν εμοι μενει καγω εν αυτω

"The *one* eating my flesh and drinking my blood remains in me, and I in him.

6:57 καθως απεστειλεν με ο ζων πατηρ καγω ζω δια τον πατερα και ο τρωγων με κακεινος ζησει δι εμε

"Just as the living Father sent me and I live through the Father, the *one* eating me also, that *one* will live through me.

6:58 ουτος εστιν ο αρτος ο εξ ουρανου καταβας ου καθως εφαγον οι πατερες και απεθανον ο τρωγων τουτον τον αρτον ζησει εις τον αιωνα

"This is the bread having come down from the sky, not as your fathers ate and they died. The *one* eating this bread will live in eternity."

6:59 ταυτα ειπεν εν συναγωγη διδασκων εν καφαρναουμ

He said these *things*, teaching in the synagogue in Capernaum.

Many Turn Away

6:60 πολλοι ουν ακουσαντες εκ των μαθητων αυτου ειπαν σκληρος εστιν ο λογος ουτος τις δυναται αυτου ακουειν

Then many of His disciples, having heard, said, "This word is hard. Who can listen to it?"

6:61 ειδως δε ο ιησους εν εαυτω οτι γογγυζουσιν περι τουτου οι μαθηται αυτου ειπεν αυτοις τουτο υμας σκανδαλιζει

Yet Jesus, knowing in Himself that His disciples complain about this, said to them, "Are you scandalized by this?

6:62 εαν ουν θεωρητε τον υιον του ανθρωπου αναβαινοντα οπου ην το προτερον

"If, then, you see the Son of Man going up where He was before?

6:63 το πνευμα εστιν το ζωοποιουν η σαρξ ουκ ωφελει ουδεν τα ρηματα α εγω λελαληκα υμιν πνευμα εστιν και ζωη εστιν

"The Spirit is the *One* giving life. The flesh profits nothing. The words which I have spoken to you are Spirit and are life.

6:64 αλλ εισιν εξ υμων τινες οι ου πιστευουσιν ηδει γαρ εξ αρχης ο ιησους τινες εισιν οι μη πιστευοντες και τις εστιν ο παραδωσων αυτον

"But some of you are those who don't believe."

(For Jesus knew from the beginning who are the *ones* not believing, and who is the *one* betraying Him.)

6:65 και ελεγεν δια τουτο ειρηκα υμιν οτι ουδεις δυναται ελθειν προς με εαν μη η δεδομενον αυτω εκ του πατρος

He began saying, "For this *reason*, I've said to you that no one can come to me unless *it is* given him from the Father."

6:66 εκ τουτου πολλοι εκ των μαθητων αυτου απηλθον εις τα οπισω και ουκετι μετ αυτου περιεπατουν

From this, many of His disciples went away from following, and no longer walked with Him.

6:67 ειπεν ουν ο ιησους τοις δωδεκα μη και υμεις θελετε υπαγειν

Then Jesus said to the twelve, "Do you want to go away too?"

6:68 απεκριθη αυτω σιμων πετρος κυριε προς τινα απελευσομεθα ρηματα ζωης αιωνιου εχεις

Simon Peter answered him, "Lord, to whom would we go? You have words of eternal life,

6:69 και ημεις πεπιστευκαμεν και εγνωκαμεν οτι συ ει ο αγιος του θεου

"and we have believed and known that you are the Holy *One* of God."

6:70 απεκριθη αυτοις ο ιησους ουκ εγω υμας τους δωδεκα εξελεξαμην και εξ υμων εις διαβολος εστιν

Jesus answered them, "Haven't I chosen you twelve? And one of you is a devil."

6:71 ελεγεν δε τον ιουδαν σιμωνος ισκαριωτου ουτος γαρ εμελλεν παραδιδοναι αυτον εις εκ των δωδεκα

He was speaking of Judas Simon Iscariot, for he was about to betray Him – one of the twelve.

Jesus' Brothers Disbelieve

7:1 και μετα ταυτα περιεπατει [ο] ιησους εν τη γαλιλαια ου γαρ ηθελεν εν τη ιουδαια περιπατειν οτι εζητουν αυτον οι ιουδαιοι αποκτειναι

After these *events*, Jesus began moving around in Galilee. He didn't want to move around in Judea because the Jews were seeking to kill Him.

7:2 ην δε εγγυς η εορτη των ιουδαιων η σκηνοπηγια

Yet Tabernacles, the feast of the Jews, was near.

7:3 ειπον ουν προς αυτον οι αδελφοι αυτου μεταβηθι εντευθεν και υπαγε εις την ιουδαιαν ινα και οι μαθηται σου θεωρησουσιν [σου] τα εργα α ποιεις

His brothers said to Him, "Go away from here and go to Judea, that your disciples may see the works that you do.

7:4 ουδεις γαρ τι εν κρυπτω ποιει και ζητει αυτος εν παρρησια ειναι ει ταυτα ποιεις φανερωσον σεαυτον τω κοσμω

"For no one works in secret, and he wants to be in the open. If you do these *things*, make yourself known to the world!"

7:5 ουδε γαρ οι αδελφοι αυτου επιστευον εις αυτον

(For His brothers didn't believe in Him either.)

7:6 λεγει ουν αυτοις ο ιησους ο καιρος ο εμος ουπω παρεστιν ο δε καιρος ο υμετερος παντοτε εστιν ετοιμος

Jesus says to them, "My time is not yet here, yet your time is always ready.

7:7 ου δυναται ο κοσμος μισειν υμας εμε δε μισει οτι εγω μαρτυρω περι αυτου οτι τα εργα αυτου πονηρα εστιν

"The world can't hate you, yet it hates me because I testify about it that its works are wicked.

7:8 υμεις αναβητε εις την εορτην εγω ουπω αναβαινω εις την εορτην ταυτην οτι ο εμος καιρος ουπω πεπληρωται

"You go up to the feast. I'm not going up to this feast because my time is not yet completed."

7:9 ταυτα δε ειπων αυτοις εμεινεν εν τη γαλιλαια

Saying these *things* to them, He stayed in Galilee.

Jesus Goes to the Feast Secretly
7:10 ως δε ανεβησαν οι αδελφοι αυτου εις την εορτην τοτε και αυτος ανεβη ου φανερως αλλα ως εν κρυπτω

Yet as His brothers went up to the feast, then He too went up – not openly, but as in secret.

7:11 οι ουν ιουδαιοι εζητουν αυτον εν τη εορτη και ελεγον που εστιν εκεινος

The Jews were seeking Him in the feast, and were saying, "Where is He?"

7:12 και γογγυσμος περι αυτου ην πολυς εν τοις οχλοις οι μεν ελεγον οτι αγαθος εστιν αλλοι [δε] ελεγον ου αλλα πλανα τον οχλον

There was much complaining about Him among the crowds. These indeed were saying that, "He is good." Yet those were saying, "No, but He deceives the crowd."

7:13 ουδεις μεντοι παρρησια ελαλει περι αυτου δια τον φοβον των ιουδαιων

Nevertheless, no one was speaking about Him openly for the fear of the Jews.

7:14 ηδη δε της εορτης μεσουσης ανεβη ιησους εις το ιερον και εδιδασκεν

Yet *when* the feast *was* already half over, Jesus went up into the temple and began teaching.

7:15 εθαυμαζον ουν οι ιουδαιοι λεγοντες πως ουτος γραμματα οιδεν μη μεμαθηκως

The Jews were amazed, saying, "How does this *man* know scriptures, not having studied?"

7:16 απεκριθη ουν αυτοις ιησους και ειπεν η εμη διδαχη ουκ εστιν εμη αλλα του πεμψαντος με

Jesus answered them and said, "My teaching is not mine, but of the *One* having sent me.

7:17 εαν τις θελη το θελημα αυτου ποιειν γνωσεται περι της διδαχης ποτερον εκ του θεου εστιν η εγω απ εμαυτου λαλω

"If someone wants to do His will, he will know about the teaching – whether it is from God, or I speak from myself.

7:18 ο αφ εαυτου λαλων την δοξαν την ιδιαν ζητει ο δε ζητων την δοξαν του πεμψαντος αυτον ουτος αληθης εστιν και αδικια εν αυτω ουκ εστιν

"The *one* speaking from himself seeks his own glory. Yet the *One* seeking the glory of the *One* having sent Him, this *man* is true and no unrighteousness is in Him.

7:19 ου μωυσης εδωκεν υμιν τον νομον και ουδεις εξ υμων ποιει τον νομον τι με ζητειτε αποκτειναι

"Hasn't Moses given you the law? And none of you works the law. Why do you seek to kill me?"

7:20 απεκριθη ο οχλος δαιμονιον εχεις τις σε ζητει αποκτειναι

The crowd answered, "You have *a* demon. Who seeks to kill you?"

7:21 απεκριθη ιησους και ειπεν αυτοις εν εργον εποιησα και παντες θαυμαζετε

Jesus answered and said to them, "I did one work, and all *of you* are astounded.

7:22 δια τουτο μωυσης δεδωκεν υμιν την περιτομην ουχ οτι εκ του μωυσεως εστιν αλλ εκ των πατερων και [εν] σαββατω περιτεμνετε ανθρωπον

"For this *reason*, Moses has given you circumcision (not that it is from Moses, but from the fathers), and you circumcise *a* man on the Sabbath.

7:23 ει περιτομην λαμβανει [ο] ανθρωπος εν σαββατω ινα μη λυθη ο νομος μωυσεως εμοι χολατε οτι ολον ανθρωπον υγιη εποιησα εν σαββατω

"If *a* man receives circumcision on the Sabbath that the law of Moses not be loosed, are you angry with me because I made *a* man whole on the Sabbath?

7:24 μη κρινετε κατ οψιν αλλα την δικαιαν κρισιν κρινετε

"Don't judge by the obvious, but judge *a* righteous judgment!"

7:25 ελεγον ουν τινες εκ των ιεροσολυμιτων ουχ ουτος εστιν ον ζητουσιν αποκτειναι

Then some of the Jerusalemites began saying, "Isn't He the *one* whom they seek to kill?

7:26 και ιδε παρρησια λαλει και ουδεν αυτω λεγουσιν μηποτε αληθως εγνωσαν οι αρχοντες οτι ουτος εστιν ο χριστος

"Look! He speaks openly, and no one says anything to Him. Perhaps the rulers truly recognized that this is the Christ.

7:27 αλλα τουτον οιδαμεν ποθεν εστιν ο δε χριστος οταν ερχηται ουδεις γινωσκει ποθεν εστιν

"But we know where this *man* is from. Yet the Christ, when He comes, no one knows where He is from."

Jesus Teaches in the Temple

7:28 εκραξεν ουν εν τω ιερω διδασκων [ο] ιησους και λεγων καμε οιδατε και οιδατε ποθεν ειμι και απ εμαυτου ουκ εληλυθα αλλ εστιν αληθινος ο πεμψας με ον υμεις ουκ οιδατε

Then Jesus cried out, teaching in the temple and saying, "Have you known me and have you known where I am from? Yet I have not come out from myself, and the *One* having sent me is true, whom you do not know.

7:29 εγω οιδα αυτον οτι παρ αυτου ειμι κακεινος με απεστειλεν

"I've known Him, because I am from Him and He sent me."

7:30 εζητουν ουν αυτον πιασαι και ουδεις επεβαλεν επ αυτον την χειρα οτι ουπω εληλυθει η ωρα αυτου

They began seeking to arrest Him, then, and no one laid the hand on Him because His hour had not yet come.

7:31 εκ του οχλου δε πολλοι επιστευσαν εις αυτον και ελεγον ο χριστος οταν ελθη μη πλειονα σημεια ποιησει ων ουτος εποιησεν

Yet many from the crowd believed in Him, and were saying, "When the Christ comes, will He do greater signs than this *man* has done?"

The First Attempt to Arrest Jesus

7:32 ηκουσαν οι φαρισαιοι του οχλου γογγυζοντος περι αυτου ταυτα και απεστειλαν οι αρχιερεις και οι φαρισαιοι υπηρετας ινα πιασωσιν αυτον

The Pharisees heard these *words* of the crowd complaining about Him, and the chief priests and the Pharisees sent keepers so they could arrest Him.

7:33 ειπεν ουν ο ιησους ετι χρονον μικρον μεθ υμων ειμι και υπαγω προς τον πεμψαντα με

Jesus said, "I am with you yet *a* little while, and I go to the *One* having sent me.

7:34 ζητησετε με και ουχ ευρησετε με και οπου ειμι εγω υμεις ου δυνασθε ελθειν

"You will seek me, and will not find me, and where I am you cannot go."

7:35 ειπον ουν οι ιουδαιοι προς εαυτους που ουτος μελλει πορευεσθαι οτι ημεις ουχ ευρησομεν αυτον μη εις την διασποραν των ελληνων μελλει πορευεσθαι και διδασκειν τους ελληνας

Then the Jews said to themselves, "Where is He about to go that we won't find Him? Is He about to go to the diaspora[15] of the Greeks and teach the Greeks?

---

[15] By the time of Christ, a substantial number of Jews lived outside the ancient territory of Israel. Called the *diaspora*, these Jewish communities spread God's word among the world's peoples. Their Bible, *The Septuagint*, became the scriptures of the early Christians as well.

7:36 τις εστιν ο λογος ουτος ον ειπεν ζητησετε με και ουχ ευρησετε με και οπου ειμι εγω υμεις ου δυνασθε ελθειν

"What is this word that He says: 'You will seek me and will not find me, and where I am you cannot go'?"

The Last Day of the Feast

7:37 εν δε τη εσχατη ημερα τη μεγαλη της εορτης ειστηκει ο ιησους και εκραξεν λεγων εαν τις διψα ερχεσθω προς με και πινετω

On the last day, the great day of the feast, Jesus had stood and cried out, saying, "If anyone thirsts, let him come to me and drink!

7:38 ο πιστευων εις εμε καθως ειπεν η γραφη ποταμοι εκ της κοιλιας αυτου ρευσουσιν υδατος ζωντος

"The *one* believing in me, even as the scripture said,

'Rivers of living waters
will flow from his womb.'"[16]

7:39 τουτο δε ειπεν περι του πνευματος ου εμελλον λαμβανειν οι πιστευσαντες εις αυτον ουπω γαρ ην πνευμα οτι ιησους ουπω εδοξασθη

Yet He said this about the Spirit which those believing in Him were about to receive – for the Spirit was not yet, because Jesus had not yet been glorified.

---

[16] Source of the exact quote is unknown.

7:40 εκ του οχλου ουν ακουσαντες των λογων τουτων ελεγον [οτι] ουτος εστιν αληθως ο προφητης

Some of the crowd, having heard these words, began saying [that], "This truly is the prophet."

7:41 αλλοι ελεγον ουτος εστιν ο χριστος οι δε ελεγον μη γαρ εκ της γαλιλαιας ο χριστος ερχεται

Others were saying, "This is the Christ."

Yet others were saying, "No, for the Christ does not come from Galilee.

7:42 ουχ η γραφη ειπεν οτι εκ του σπερματος δαυιδ και απο βηθλεεμ της κωμης οπου ην δαυιδ ερχεται ο χριστος

"Doesn't the scripture say the Christ comes from the seed of David and from Bethlehem, the village where David was?"

7:43 σχισμα ουν εγενετο εν τω οχλω δι αυτον

A schism about Him happened, then, among the crowd.

7:44 τινες δε ηθελον εξ αυτων πιασαι αυτον αλλ ουδεις εβαλεν επ αυτον τας χειρας

Some of them wanted to arrest Him, but no one laid the hands on Him.

7:45 ηλθον ουν οι υπηρεται προς τους αρχιερεις και φαρισαιους και ειπον αυτοις εκεινοι δια τι ουκ ηγαγετε αυτον

Then the keepers came to the chief priests and Pharisees, and they said to them, "Why didn't you bring Him?"

7:46 απεκριθησαν οι υπηρεται ουδεποτε ελαλησεν ουτως ανθρωπος

The keepers answered, "No man ever spoke this way."

7:47 απεκριθησαν ουν [αυτοις] οι φαρισαιοι μη και υμεις πεπλανησθε

The Pharisees answered [them], "Have you been deceived too?

7:48 μη τις εκ των αρχοντων επιστευσεν εις αυτον η εκ των φαρισαιων

"Has anyone from the rulers believed in Him, or from the Pharisees?

7:49 αλλα ο οχλος ουτος ο μη γινωσκων τον νομον επαρατοι εισιν

"But this crowd not knowing the law, they are under God's curse."

Nicodemus Speaks Up for Jesus

7:50 λεγει νικοδημος προς αυτους ο ελθων προς αυτον προτερον εις ων εξ αυτων

Nicodemus, the *one* coming to Him earlier, being one of them, says to them,

7:51 μη ο νομος ημων κρινει τον ανθρωπον εαν μη ακουση πρωτον παρ αυτου και γνω τι ποιει

"Does our law judge *a* man unless it hears from him first and knows what he does?"

7:52 απεκριθησαν και ειπαν αυτω μη και συ εκ της γαλιλαιας ει εραυνησον και ιδε οτι εκ της γαλιλαιας προφητης ουκ εγειρεται

They answered and said to him, "Are you from Galilee? Search and see that no prophet arises from Galilee!"

7:53 [[και επορευθησαν εκαστος εις τον οικον αυτου

[[And each one went to his own house,

The Woman Caught in Adultery

8:1 ιησους δε επορευθη εις το ορος των ελαιων

yet Jesus went to the Mount of Olives.

8:2 ορθρου δε παλιν παρεγενετο εις το ιερον [και πας ο λαος ηρχετο προς αυτον και καθισας εδιδασκεν αυτους]

At early morning He again arrived in the temple [and the whole people came to Him and, having sat down, He began teaching them].

8:3 αγουσιν δε οι γραμματεις και οι φαρισαιοι γυναικα επι μοιχεια κατειλημμενην και στησαντες αυτην εν μεσω

Yet the writers and the Pharisees lead *a* woman apprehended in adultery and, standing her in the midst,

8:4 λεγουσιν αυτω διδασκαλε αυτη η γυνη κατειληπται επ αυτοφωρω μοιχευομενη

they say to Him, "Teacher, this woman was apprehended in the act of adultery.

8:5 εν δε τω νομω [ημιν] μωυσης ενετειλατο τας τοιαυτας λιθαζειν συ ουν τι λεγεις

"In the law, Moses commanded [us] to stone such as these.[17] You, then, what do you say?"

8:6 [τουτο δε ελεγον πειραζοντες αυτον ινα εχωσιν κατηγορειν αυτου] ο δε ιησους κατω κυψας τω δακτυλω κατεγραφεν εις την γην

[They were saying this testing Him, that they might have something to accuse Him]. Yet Jesus, having stooped down, began writing on the ground with *the* finger.

8:7 ως δε επεμενον ερωτωντες [αυτον] ανεκυψεν και ειπεν [αυτοις] ο αναμαρτητος υμων πρωτος επ αυτην βαλετω λιθον

As they continued questioning Him, He straightened up and said [to them], "Let the sinless *one* of you throw the first stone at her."

8:8 και παλιν κατακυψας εγραφεν εις την γην

And having stooped down, he again wrote on the ground.

8:9 οι δε ακουσαντες εξηρχοντο εις καθ εις αρξαμενοι απο των πρεσβυτερων και κατελειφθη μονος και η γυνη εν μεσω ουσα

---

[17] See Leviticus 20:10; Deuteronomy 22:21-24.

The *ones* having heard began to leave one by one, beginning from the elders, and He was left alone, and the woman being in the midst.

8:10 ανακυψας δε ο ιησους ειπεν αυτη γυναι που εισιν ουδεις σε κατεκρινεν

Jesus, having stood up, said to her, "Women, where are they? Has no one judged you?"

8:11 η δε ειπεν ουδεις κυριε ειπεν δε ο ιησους ουδε εγω σε κατακρινω πορευου απο του νυν μηκετι αμαρτανε]]

She said, "No one, Sir."

Jesus said, "Neither do I judge you. Go. From now on sin no more."]]

The World's Light

8:12 παλιν ουν αυτοις ελαλησεν [ο] ιησους λεγων εγω ειμι το φως του κοσμου ο ακολουθων μοι ου μη περιπατηση εν τη σκοτια αλλ εξει το φως της ζωης

Then Jesus spoke to them again, saying, "I am the light of the world. The *one* following me will not walk in the darkness, but will have the light of life."

8:13 ειπον ουν αυτω οι φαρισαιοι συ περι σεαυτου μαρτυρεις η μαρτυρια σου ουκ εστιν αληθης

The Pharisees said to Him, "You testify about yourself. Your testimony isn't true."

8:14 απεκριθη ιησους και ειπεν αυτοις καν εγω μαρτυρω περι

εμαυτου αληθης εστιν η μαρτυρια μου οτι οιδα ποθεν ηλθον και
που υπαγω υμεις δε ουκ οιδατε ποθεν ερχομαι η που υπαγω

Jesus answered and said to them, "Even if I testify about myself,
my testimony is true because I've known where I come from and
where I go. Yet you haven't known where I come from or where
I go.

8:15 υμεις κατα την σαρκα κρινετε εγω ου κρινω ουδενα

"You judge according to flesh. I judge no one;

8:16 και εαν κρινω δε εγω η κρισις η εμη αληθινη εστιν οτι
μονος ουκ ειμι αλλ εγω και ο πεμψας με [πατηρ]

"and if I judge, my judgment is true because I am not alone, but
I and the [Father] having sent me.

8:17 και εν τω νομω δε τω υμετερω γεγραπται οτι δυο
ανθρωπων η μαρτυρια αληθης εστιν

"In your law it is written that,

'The testimony of two men is true.'[18]

8:18 εγω ειμι ο μαρτυρων περι εμαυτου και μαρτυρει περι εμου
ο πεμψας με πατηρ

"I am the *one* testifying about myself, and the Father having sent
me testifies about me."

---

[18] See Deuteronomy 17:6 and 19:15.

8:19 ελεγον ουν αυτω που εστιν ο πατηρ σου απεκριθη ιησους ουτε εμε οιδατε ουτε τον πατερα μου ει εμε ηδειτε και τον πατερα μου αν ηδειτε

Then they began saying to Him,"Where is your father?"

Jesus answered, "You've known neither me nor my Father. If you had known me, you would have known my Father too."

8:20 ταυτα τα ρηματα ελαλησεν εν τω γαζοφυλακιω διδασκων εν τω ιερω και ουδεις επιασεν αυτον οτι ουπω εληλυθει η ωρα αυτου

He was saying these words, teaching in the treasury of the temple, and no one arrested Him because His hour had not yet come.

Where I Am Going
8:21 ειπεν ουν παλιν αυτοις εγω υπαγω και ζητησετε με και εν τη αμαρτια υμων αποθανεισθε οπου εγω υπαγω υμεις ου δυνασθε ελθειν

Again He said to them, "I go, and you will seek me, and you will die in your sins. Where I go you cannot come."

8:22 ελεγον ουν οι ιουδαιοι μητι αποκτενει εαυτον οτι λεγει οπου εγω υπαγω υμεις ου δυνασθε ελθειν

Then the Jews began saying, "Will He kill Himself, because He says, 'Where I go you cannot come'?"

8:23 και ελεγεν αυτοις υμεις εκ των κατω εστε εγω εκ των ανω ειμι υμεις εκ τουτου του κοσμου εστε εγω ουκ ειμι εκ του κοσμου τουτου

He was saying to them, "You are from below. I am from above. You are from this world. I am not from this world.

8:24 ειπον ουν υμιν οτι αποθανεισθε εν ταις αμαρτιαις υμων εαν γαρ μη πιστευσητε οτι εγω ειμι αποθανεισθε εν ταις αμαρτιαις υμων

"Therefore I said to you that you will die in your sins. For if you don't believe that I am, you will die in your sins."

8:25 ελεγον ουν αυτω συ τις ει ειπεν αυτοις [ο] ιησους την αρχην ο τι και λαλω υμιν

Then they began saying to Him, "Who are you?"

Jesus said to them, "That which I also speak to you the beginning.[19]

8:26 πολλα εχω περι υμων λαλειν και κρινειν αλλ ο πεμψας με αληθης εστιν καγω α ηκουσα παρ αυτου ταυτα λαλω εις τον κοσμον

"I have much to say and judge about you, but the *One* having sent me is true, and I speak to the world what I've heard from Him."

8:27 ουκ εγνωσαν οτι τον πατερα αυτοις ελεγεν

They didn't know that He was speaking to them about the Father.

---

[19] Compare to AV: Then said they unto him, Who art thou? And Jesus saith unto them, Even *the same* that I said unto you from the beginning.

8:28 ειπεν ουν ο ιησους οταν υψωσητε τον υιον του ανθρωπου τοτε γνωσεσθε οτι εγω ειμι και απ εμαυτου ποιω ουδεν αλλα καθως εδιδαξεν με ο πατηρ ταυτα λαλω

Jesus said, "When you lift up the Son of Man, then you will know that I am, and I do nothing from myself. But just as the Father taught me, these *things* I speak.

8:29 και ο πεμψας με μετ εμου εστιν ουκ αφηκεν με μονον οτι εγω τα αρεστα αυτω ποιω παντοτε

"The *One* having sent me is with me and has not left me alone, because I always do the *things* pleasing to Him.

If You Remain
8:30 ταυτα αυτου λαλουντος πολλοι επιστευσαν εις αυτον

While He *was* saying these *things*, many believed in Him.

8:31 ελεγεν ουν ο ιησους προς τους πεπιστευκοτας αυτω ιουδαιους εαν υμεις μεινητε εν τω λογω τω εμω αληθως μαθηται μου εστε

Then Jesus began saying to those Jews who had believed Him, "If you remain in my word, you are truly my disciples,

8:32 και γνωσεσθε την αληθειαν και η αληθεια ελευθερωσει υμας

"and you will know the truth, and the truth will free you."

8:33 απεκριθησαν προς αυτον σπερμα αβρααμ εσμεν και ουδενι δεδουλευκαμεν πωποτε πως συ λεγεις οτι ελευθεροι γενησεσθε

They responded to him, "We are Abraham's seed and have never been enslaved to anyone. How do you say that, 'You will become free'?"

8:34 απεκριθη αυτοις [ο] ιησους αμην αμην λεγω υμιν οτι πας ο ποιων την αμαρτιαν δουλος εστιν [της αμαρτιας]

Jesus answered them, "Amen, amen, I say to you that everyone working sin is *a* slave [of sin].

8:35 ο δε δουλος ου μενει εν τη οικια εις τον αιωνα ο υιος μενει εις τον αιωνα

"Yet the slave doesn't remain in the house to eternity. The son remains to eternity.

8:36 εαν ουν ο υιος υμας ελευθερωση οντως ελευθεροι εσεσθε

"If the son makes you free, you will certainly be free.

8:37 οιδα οτι σπερμα αβρααμ εστε αλλα ζητειτε με αποκτειναι οτι ο λογος ο εμος ου χωρει εν υμιν

"I've known that you are Abraham's seed, but you seek to kill me because my word does not hold among you.

8:38 α εγω εωρακα παρα τω πατρι λαλω και υμεις ουν α ηκουσατε παρα του πατρος ποιειτε

"I speak what I've seen from the Father, and you do what you've heard from your father."

Who Is Your Father?
8:39 απεκριθησαν και ειπαν αυτω ο πατηρ ημων αβρααμ εστιν

λεγει αυτοις [ο] ιησους ει τεκνα του αβρααμ εστε τα εργα του
αβρααμ ποιειτε

They answered and said to Him, "Our father is Abraham."

Jesus says to them, "If you are Abraham's children, you would
do the works of Abraham.

8:40 νυν δε ζητειτε με αποκτειναι ανθρωπον ος την αληθειαν
υμιν λελαληκα ην ηκουσα παρα του θεου τουτο αβρααμ ουκ
εποιησεν

"Yet now you seek to kill me, *a* man who has spoken the truth to
you which He heard from God. Abraham didn't do this.

8:41 υμεις ποιειτε τα εργα του πατρος υμων ειπαν αυτω ημεις εκ
πορνειας ουκ εγεννηθημεν ενα πατερα εχομεν τον θεον

"You do the works of your father."

They said to Him, "We weren't born from fornication. We have
one Father – God."

8:42 ειπεν αυτοις [ο] ιησους ει ο θεος πατηρ υμων ην ηγαπατε
αν εμε εγω γαρ εκ του θεου εξηλθον και ηκω ουδε γαρ απ
εμαυτου εληλυθα αλλ εκεινος με απεστειλεν

Jesus said to them, "If God was your father, you would have
loved me, for I've come out and am present from God – for I
haven't come out from myself, but He sent me.

8:43 δια τι την λαλιαν την εμην ου γινωσκετε οτι ου δυνασθε
ακουειν τον λογον τον εμον

"Why don't you understand my speech? Because you can't hear my word!

8:44 υμεις εκ του πατρος του διαβολου εστε και τας επιθυμιας του πατρος υμων θελετε ποιειν εκεινος ανθρωποκτονος ην απ αρχης και εν τη αληθεια ουκ εστηκεν οτι ουκ εστιν αληθεια εν αυτω οταν λαλη το ψευδος εκ των ιδιων λαλει οτι ψευστης εστιν και ο πατηρ αυτου

"You are from your father, the devil, and you want to work the lusts of your father. He was *a* man-killer from the beginning and hasn't stood in the truth, because no truth is in him. When he speaks the lie, he speaks from his own, because he is *a* liar and its father.

8:45 εγω δε οτι την αληθειαν λεγω ου πιστευετε μοι

"Yet because I speak the truth, you don't believe me.

8:46 τις εξ υμων ελεγχει με περι αμαρτιας ει αληθειαν λεγω δια τι υμεις ου πιστευετε μοι

"Who of you convicts me concerning sin? If I speak truth, why don't you believe me?

8:47 ο ων εκ του θεου τα ρηματα του θεου ακουει δια τουτο υμεις ουκ ακουετε οτι εκ του θεου ουκ εστε

"The *one* being from God hears the words of God. For this *reason* you don't hear, because you aren't from God."

8:48 απεκριθησαν οι ιουδαιοι και ειπαν αυτω ου καλως λεγομεν ημεις οτι σαμαριτης ει συ και δαιμονιον εχεις

The Jews answered and said to him, "Don't we speak well that you are *a* Samaritan and you have *a* demon?"

Honor and Dishonor

8:49 απεκριθη ιησους εγω δαιμονιον ουκ εχω αλλα τιμω τον πατερα μου και υμεις ατιμαζετε με

Jesus answered, "I don't have *a* demon, but I honor my Father and you dishonor me."

8:50 εγω δε ου ζητω την δοξαν μου εστιν ο ζητων και κρινων

"Yet I don't seek my glory. *There* is *One* seeking and judging.

8:51 αμην αμην λεγω υμιν εαν τις τον εμον λογον τηρηση θανατον ου μη θεωρηση εις τον αιωνα

"Amen, amen, I say to you, if someone keeps my word, he will not see death to eternity."

8:52 ειπον αυτω οι ιουδαιοι νυν εγνωκαμεν οτι δαιμονιον εχεις αβρααμ απεθανεν και οι προφηται και συ λεγεις εαν τις τον λογον μου τηρηση ου μη γευσηται θανατου εις τον αιωνα

The Jews said to Him, "Now we've known that you have *a* demon. Abraham died and the prophets, and you say, 'If someone keeps my word, he will not taste death to eternity'?

8:53 μη συ μειζων ει του πατρος ημων αβρααμ οστις απεθανεν και οι προφηται απεθανον τινα σεαυτον ποιεις

"You aren't greater than our father Abraham who died, and the prophets, are you? Who are you making yourself?"

8:54 απεκριθη ιησους εαν εγω δοξασω εμαυτον η δοξα μου ουδεν εστιν εστιν ο πατηρ μου ο δοξαζων με ον υμεις λεγετε οτι θεος υμων εστιν

Jesus answered, "If I glorify myself, my glory is nothing. The Father is the *One* glorifying me, whom you say that He is your God.

8:55 και ουκ εγνωκατε αυτον εγω δε οιδα αυτον καν ειπω οτι ουκ οιδα αυτον εσομαι ομοιος υμιν ψευστης αλλα οιδα αυτον και τον λογον αυτου τηρω

"You haven't known Him, yet I've known Him. If I say I haven't known Him, I will be *a* liar like you. Yet I've known Him, and I keep His word.

Abraham Exulted
8:56 αβρααμ ο πατηρ υμων ηγαλλιασατο ινα ιδη την ημεραν την εμην και ειδεν και εχαρη

"Abraham your father exulted that he would see my day, and he saw, and he rejoiced."

8:57 ειπον ουν οι ιουδαιοι προς αυτον πεντηκοντα ετη ουπω εχεις και αβρααμ εωρακας

Then the Jews said to him, "You don't yet have fifty years, and you've seen Abraham?"

8:58 ειπεν αυτοις ιησους αμην αμην λεγω υμιν πριν αβρααμ γενεσθαι εγω ειμι

Jesus said to them, "Amen, amen, I say to you, before Abraham came to be, I am."

8:59 ηραν ουν λιθους ινα βαλωσιν επ αυτον ιησους δε εκρυβη και εξηλθεν εκ του ιερου

Then they took up stones that they could thrown at Him, yet Jesus hid and went out from the temple.

A Man Blind from Birth

9:1 και παραγων ειδεν ανθρωπον τυφλον εκ γενετης

Passing on, He saw *a* man blind from birth,

9:2 και ηρωτησαν αυτον οι μαθηται αυτου λεγοντες ραββι τις ημαρτεν ουτος η οι γονεις αυτου ινα τυφλος γεννηθη

and His disciples questioned Him, saying, "Rabbi, who sinned that he was born blind – this *man* or his parents?"

9:3 απεκριθη ιησους ουτε ουτος ημαρτεν ουτε οι γονεις αυτου αλλ ινα φανερωθη τα εργα του θεου εν αυτω

Jesus answered, "Neither this *man* sinned nor his parents, but that the works of God may be made evident in him.

9:4 ημας δει εργαζεσθαι τα εργα του πεμψαντος με εως ημερα εστιν ερχεται νυξ οτε ουδεις δυναται εργαζεσθαι

"It is necessary for us to work the works of the *One* having sent me while it is day. Night comes when no one can work.

9:5 οταν εν τω κοσμω ω φως ειμι του κοσμου

"While I am in the world, I am light of the world."

The Healing of a Man Born Blind

9:6 ταυτα ειπων επτυσεν χαμαι και εποιησεν πηλον εκ του πτυσματος και επεθηκεν αυτου τον πηλον επι τους οφθαλμους

Saying these *things*, He spat on the ground, and made mud from the spittle, and placed the mud on his eyes.

9:7 και ειπεν αυτω υπαγε νιψαι εις την κολυμβηθραν του σιλωαμ ο ερμηνευεται απεσταλμενος απηλθεν ουν και ενιψατο και ηλθεν βλεπων

He said to him, "Go, wash in the pool of Siloam,"[20] – which is translated, 'Sent'.

He went out, then, and washed, and came seeing.

The People React

9:8 οι ουν γειτονες και οι θεωρουντες αυτον το προτερον οτι προσαιτης ην ελεγον ουχ ουτος εστιν ο καθημενος και προσαιτων

Then the neighbors and the *ones* seeing him who was *a* beggar before began saying, "Is this the *man* sitting and begging?"

9:9 αλλοι ελεγον οτι ουτος εστιν αλλοι ελεγον ουχι αλλα ομοιος αυτω εστιν εκεινος ελεγεν οτι εγω ειμι

Some were saying that, "This is."

Others were saying, "No, but he is like that *man*."

---

[20] See also Luke 13:4.

That *man* was saying that, "I am."

9:10 ελεγον ουν αυτω πως [ουν] ηνεωχθησαν σου οι οφθαλμοι

Then they began saying to him, "How then were your eyes opened?"

9:11 απεκριθη εκεινος ο ανθρωπος ο λεγομενος ιησους πηλον εποιησεν και επεχρισεν μου τους οφθαλμους και ειπεν μοι οτι υπαγε εις τον σιλωαμ και νιψαι απελθων ουν και νιψαμενος ανεβλεψα

That *man* said, "The man called Jesus made mud, and smeared *it* on my eyes, and said to me that, 'Go to the Siloam, and wash.' Going, then, and washing, I saw."

9:12 και ειπαν αυτω που εστιν εκεινος λεγει ουκ οιδα

They said to him, "Where is He?"

He says, "I don't know."

9:13 αγουσιν αυτον προς τους φαρισαιους τον ποτε τυφλον

They lead him to the Pharisees, the *one* formerly blind.

9:14 ην δε σαββατον εν η ημερα τον πηλον εποιησεν ο ιησους και ανεωξεν αυτου τους οφθαλμους

Yet it was Sabbath on the day Jesus made the mud and opened his eyes.

9:15 παλιν ουν ηρωτων αυτον και οι φαρισαιοι πως ανεβλεψεν ο δε ειπεν αυτοις πηλον επεθηκεν μου επι τους οφθαλμους και ενιψαμην και βλεπω

Then the Pharisees asked him again how he came to see. He said to them, "He placed mud on my eyes, and I washed, and I see."

9:16 ελεγον ουν εκ των φαρισαιων τινες ουκ εστιν ουτος παρα θεου ο ανθρωπος οτι το σαββατον ου τηρει αλλοι [δε] ελεγον πως δυναται ανθρωπος αμαρτωλος τοιαυτα σημεια ποιειν και σχισμα ην εν αυτοις

Some of the Pharisees began saying, "This man isn't from God because He doesn't keep the Sabbath."

[Yet] others were saying, "How can *a* sinful man work such signs?"

And there was *a* schism among them.

9:17 λεγουσιν ουν τω τυφλω παλιν τι συ λεγεις περι αυτου οτι ηνεωξεν σου τους οφθαλμους ο δε ειπεν οτι προφητης εστιν

Then they say to the blind man again, "What do you say about Him that opened your eyes?"

He said that, "He is *a* prophet."

The Parents Questioned
9:18 ουκ επιστευσαν ουν οι ιουδαιοι περι αυτου οτι ην τυφλος και ανεβλεψεν εως οτου εφωνησαν τους γονεις αυτου του αναβλεψαντος

The Jews didn't believe about him that he was blind and received sight until they called the parents of him who received sight.

9:19 και ηρωτησαν αυτους λεγοντες ουτος εστιν ο υιος υμων ον υμεις λεγετε οτι τυφλος εγεννηθη πως ουν βλεπει αρτι

They asked them, saying, "Is this your son whom you say that he was born blind? How, then, does he now see?"

9:20 απεκριθησαν ουν οι γονεις αυτου και ειπαν οιδαμεν οτι ουτος εστιν ο υιος ημων και οτι τυφλος εγεννηθη

His parents answered and said, "We know that he is our son and that he was born blind.

9:21 πως δε νυν βλεπει ουκ οιδαμεν η τις ηνοιξεν αυτου τους οφθαλμους ημεις ουκ οιδαμεν αυτον ερωτησατε ηλικιαν εχει αυτος περι εαυτου λαλησει

"Yet how he now sees we don't know, or who opened his eyes we don't know. Ask him! He's of age. He can speak for himself."

9:22 ταυτα ειπαν οι γονεις αυτου οτι εφοβουντο τους ιουδαιους ηδη γαρ συνετεθειντο οι ιουδαιοι ινα εαν τις αυτον ομολογηση χριστον αποσυναγωγος γενηται

His parents said these *things* because they feared the Jews, for the Jews had already agreed that if someone confessed Him *as* Christ, he would be put out of the synagogue.

9:23 δια τουτο οι γονεις αυτου ειπαν οτι ηλικιαν εχει αυτον επερωτησατε

For this *reason*, his parents said that, "He's of age. Question him."

The Healed Man Questioned Again

9:24 εφωνησαν ουν τον ανθρωπον εκ δευτερου ος ην τυφλος και ειπαν αυτω δος δοξαν τω θεω ημεις οιδαμεν οτι ουτος ο ανθρωπος αμαρτωλος εστιν

Then they called *a* second *time* the man who was blind, and said to him, "Give glory to God. We know that this man is *a* sinner."

9:25 απεκριθη ουν εκεινος ει αμαρτωλος εστιν ουκ οιδα εν οιδα οτι τυφλος ων αρτι βλεπω

That *man* answered, "I don't know if He is *a* sinner. I know one *thing*: that being blind, I now see."

9:26 ειπον ουν αυτω τι εποιησεν σοι πως ηνοιξεν σου τους οφθαλμους

They said to him, "What did He do to you? How did He open your eyes?"

9:27 απεκριθη αυτοις ειπον υμιν ηδη και ουκ ηκουσατε τι παλιν θελετε ακουειν μη και υμεις θελετε αυτου μαθηται γενεσθαι

He answered them, "I told you already and you didn't listen. Why do you want to hear again? Could it be that you want to become his disciples?"

9:28 και ελοιδορησαν αυτον και ειπον συ μαθητης ει εκεινου ημεις δε του μωυσεως εσμεν μαθηται

They cursed him and said, "You are that *man's* disciple, yet we are Moses' disciples.

9:29 ημεις οιδαμεν οτι μωυσει λελαληκεν ο θεος τουτον δε ουκ οιδαμεν ποθεν εστιν

"We know that God has spoken to Moses, yet we don't know where this *man* is from."

9:30 απεκριθη ο ανθρωπος και ειπεν αυτοις εν τουτω γαρ το θαυμαστον εστιν οτι υμεις ουκ οιδατε ποθεν εστιν και ηνοιξεν μου τους οφθαλμους

The man answered and said to them, "*There* is the marvel in this: that you don't know where He is from, and He opened my eyes.

9:31 οιδαμεν οτι ο θεος αμαρτωλων ουκ ακουει αλλ εαν τις θεοσεβης η και το θελημα αυτου ποιη τουτου ακουει

"We know that God doesn't listen to sinners. But if someone honors God and does His will, He listens.

9:32 εκ του αιωνος ουκ ηκουσθη οτι ηνεωξεν τις οφθαλμους τυφλου γεγεννημενου

"It hasn't been heard from eternity that someone opened *the* eyes of *one* born blind.

9:33 ει μη ην ουτος παρα θεου ουκ ηδυνατο ποιειν ουδεν

"Unless this *man* was from God, he could do nothing."

9:34 απεκριθησαν και ειπαν αυτω εν αμαρτιαις συ εγεννηθης ολος και συ διδασκεις ημας και εξεβαλον αυτον εξω

They answered and said to him, "You were born in total sin, and are you teaching us?"

And they threw him out.

Jesus Again Speaks to the Man

9:35 ηκουσεν ιησους οτι εξεβαλον αυτον εξω και ευρων αυτον ειπεν συ πιστευεις εις τον υιον του ανθρωπου

Jesus heard that they threw him out and, finding him, said, "Do you believe in the Son of Man?"

9:36 απεκριθη εκεινος [και ειπεν] και τις εστιν κυριε ινα πιστευσω εις αυτον

That *man* answered [and said], "Who is He, Sir, that I may believe in Him?"

9:37 ειπεν αυτω ο ιησους και εωρακας αυτον και ο λαλων μετα σου εκεινος εστιν

Jesus said to him, "You've both seen Him, and He is the *one* speaking with you."

9:38 ο δε εφη πιστευω κυριε και προσεκυνησεν αυτω

He said, "I believe, Sir", and he worshiped Him.

The Blind and the Seeing

9:39 και ειπεν ο ιησους εις κριμα εγω εις τον κοσμον τουτον ηλθον ινα οι μη βλεποντες βλεπωσιν και οι βλεποντες τυφλοι γενωνται

And Jesus said, "I came into this world to judgment: that the *ones* not seeing may see, and the *ones* seeing may become blind."

9:40 ηκουσαν εκ των φαρισαιων ταυτα οι μετ αυτου οντες και ειπον αυτω μη και ημεις τυφλοι εσμεν

Those with Him from the Pharisees heard these words, and they said to Him, "We aren't blind, are we?"

9:41 ειπεν αυτοις [ο] ιησους ει τυφλοι ητε ουκ αν ειχετε αμαρτιαν νυν δε λεγετε οτι βλεπομεν η αμαρτια υμων μενει

Jesus said to them, "If you were blind, you wouldn't have sin. Yet now you say that, 'We see', your sin remains."

The Sheep's Shepherd

10 :1 αμην αμην λεγω υμιν ο μη εισερχομενος δια της θυρας εις την αυλην των προβατων αλλα αναβαινων αλλαχοθεν εκεινος κλεπτης εστιν και ληστης

"Amen, amen, I say to you, the *one* not coming in through the gate into the sheepfold but climbing up another way, that *one* is *a* thief and *a* robber.

10:2 ο δε εισερχομενος δια της θυρας ποιμην εστιν των προβατων

"Yet the *one* coming in through the gate is *a* shepherd of the sheep.

10:3 τουτω ο θυρωρος ανοιγει και τα προβατα της φωνης αυτου ακουει και τα ιδια προβατα φωνει κατ ονομα και εξαγει αυτα

"The gate-keeper opens to this *one*, and the sheep listen to his voice. He calls his own sheep by name, and leads them out.

10:4 οταν τα ιδια παντα εκβαλη εμπροσθεν αυτων πορευεται και τα προβατα αυτω ακολουθει οτι οιδασιν την φωνην αυτου

"When he leads out all his own, he goes before them, and the sheep follow him because they know his voice.

10:5 αλλοτριω δε ου μη ακολουθησουσιν αλλα φευξονται απ αυτου οτι ουκ οιδασιν των αλλοτριων την φωνην

"They won't follow another, but will flee from him because they don't know the other's voice.

Jesus the Door
10:6 ταυτην την παροιμιαν ειπεν αυτοις ο ιησους εκεινοι δε ουκ εγνωσαν τινα ην α ελαλει αυτοις

Jesus spoke this figure of speech to them, yet they didn't know what *it* was that he was saying to them.

10:7 ειπεν ουν παλιν [ο] ιησους αμην αμην λεγω υμιν εγω ειμι η θυρα των προβατων

Then Jesus said to them again, "Amen, amen, I say to you, I am the gate of the sheep.

10:8 παντες οσοι ηλθον προ εμου κλεπται εισιν και λησται αλλ ουκ ηκουσαν αυτων τα προβατα

All, as many as came before me, are thieves and robbers, but the sheep didn't follow them.

10:9 εγω ειμι η θυρα δι εμου εαν τις εισελθη σωθησεται και εισελευσεται και εξελευσεται και νομην ευρησει

"I am the gate. If someone comes in through me, he will be

saved, and will go in, and come out, and find pasture.

10:10 ο κλεπτης ουκ ερχεται ει μη ινα κλεψη και θυση και απολεση εγω ηλθον ινα ζωην εχωσιν και περισσον εχωσιν

"The thief does not come except that he may steal and slaughter and destroy. I came that they may have life, and have *it* overflowing.

The Good Shepherd
10:11 εγω ειμι ο ποιμην ο καλος ο ποιμην ο καλος την ψυχην αυτου τιθησιν υπερ των προβατων

"I am the good shepherd. The good shepherd lays down His soul on the sheep's behalf.

10:12 ο μισθωτος και ουκ ων ποιμην ου ουκ εστιν τα προβατα ιδια θεωρει τον λυκον ερχομενον και αφιησιν τα προβατα και φευγει και ο λυκος αρπαζει αυτα και σκορπιζει

"The hired hand, and *one* who isn't *a* shepherd, whose own the sheep are not, sees the wolf coming, and abandons the sheep, and flees. The wolf seizes and scatters them,

10:13 οτι μισθωτος εστιν και ου μελει αυτω περι των προβατων

"because *the shepherd* is *a* hired hand, and it doesn't matter to him about the sheep.

10:14 εγω ειμι ο ποιμην ο καλος και γινωσκω τα εμα και γινωσκουσιν με τα εμα

"I am the good shepherd. I know my own, and my own know me,

10:15 καθως γινωσκει με ο πατηρ καγω γινωσκω τον πατερα και την ψυχην μου τιθημι υπερ των προβατων

"even as the Father knows me, and I know the Father – and I lay down my soul on the sheep's behalf.

Other Sheep
10:16 και αλλα προβατα εχω α ουκ εστιν εκ της αυλης ταυτης κακεινα δει με αγαγειν και της φωνης μου ακουσουσιν και γενησονται μια ποιμνη εις ποιμην

"I have other sheep who are not of this fold, and it is necessary for me to gather them. They will hear my voice, and will become one flock, one shepherd.

10:17 δια τουτο με ο πατηρ αγαπα οτι εγω τιθημι την ψυχην μου ινα παλιν λαβω αυτην

"For this *reason*, the Father loves me: because I lay down my soul, that I may take her up again.

10:18 ουδεις ηρεν αυτην απ εμου αλλ εγω τιθημι αυτην απ εμαυτου εξουσιαν εχω θειναι αυτην και εξουσιαν εχω παλιν λαβειν αυτην ταυτην την εντολην ελαβον παρα του πατρος μου

"No one takes her away from me, but I lay her down of my myself. I have authority to lay her down, and I have authority to take her up again. I received this commandment from my Father."

Arguments about His Words
10:19 σχισμα παλιν εγενετο εν τοις ιουδαιοις δια τους λογους τουτους

Again, *a* schism happened among the Jews because of these words.

10:20 ελεγον δε πολλοι εξ αυτων δαιμονιον εχει και μαινεται τι αυτου ακουετε

Many of them were saying, "He has *a* demon and is raving. Who listens to Him?"

10:21 αλλοι ελεγον ταυτα τα ρηματα ουκ εστιν δαιμονιζομενου μη δαιμονιον δυναται τυφλων οφθαλμους ανοιξαι

Yet others were saying, "These aren't the words of *a* demon-possessed *man*. Can *a* demon open *the* eyes of the blind?"

At a Winter Festival
10:22 εγενετο τοτε τα εγκαινια εν τοις ιεροσολυμοις χειμων ην

Then the Festival of Dedication happened among the Jerusalemites. It was winter,

10:23 και περιεπατει [ο] ιησους εν τω ιερω εν τη στοα του σολομωνος

and Jesus was walking in the temple in Solomon's portico.

10:24 εκυκλωσαν ουν αυτον οι ιουδαιοι και ελεγον αυτω εως ποτε την ψυχην ημων αιρεις ει συ ει ο χριστος ειπον ημιν παρρησια

Then the Jews surrounded Him, and began saying to Him, "How long are you taking away our soul? If you are the Christ, tell us openly."

10:25 απεκριθη αυτοις [ο] ιησους ειπον υμιν και ου πιστευετε τα εργα α εγω ποιω εν τω ονοματι του πατρος μου ταυτα μαρτυρει περι εμου

Jesus answered them, "I told you, and you didn't believe. The works that I do in my Father's name, these testify about me,

10:26 αλλα υμεις ου πιστευετε οτι ουκ εστε εκ των προβατων των εμων

"but you don't believe because you aren't of my sheep.

10:27 τα προβατα τα εμα της φωνης μου ακουουσιν καγω γινωσκω αυτα και ακολουθουσιν μοι

"My sheep hear my voice, and I know them. They follow me,

10:28 καγω διδωμι αυτοις ζωην αιωνιον και ου μη απολωνται εις τον αιωνα και ουχ αρπασει τις αυτα εκ της χειρος μου

"and I give them eternal life. These will not be destroyed to eternity, and no one will snatch them out of my hand.

10:29 ο πατηρ μου ο δεδωκεν μοι παντων μειζον εστιν και ουδεις δυναται αρπαζειν εκ της χειρος του πατρος

"My Father who has given me all is greater, and no one can snatch them out of the Father's hand.

10:30 εγω και ο πατηρ εν εσμεν

"I and the Father are one."

The Jews Attempt to Stone Jesus

10:31 εβαστασαν παλιν λιθους οι ιουδαιοι ινα λιθασωσιν αυτον

The Jews again picked up stones so they could stone Him.

10:32 απεκριθη αυτοις ο ιησους πολλα εργα εδειξα υμιν καλα εκ του πατρος δια ποιον αυτων εργον εμε λιθαζετε

Jesus answered them, "I've shown you many good works from the Father. For which of these works do you stone me?"

10:33 απεκριθησαν αυτω οι ιουδαιοι περι καλου εργου ου λιθαζομεν σε αλλα περι βλασφημιας και οτι συ ανθρωπος ων ποιεις σεαυτον θεον

The Jews answered Him, "We don't stone you for *a* good work, but for blasphemy, and because you, being *a* man, make yourself God."

10:34 απεκριθη αυτοις [ο] ιησους ουκ εστιν γεγραμμενον εν τω νομω υμων οτι εγω ειπα θεοι εστε

Jesus answered them, "Isn't it written in your law that,

'I said, You are gods'?[21]

10:35 ει εκεινους ειπεν θεους προς ους ο λογος του θεου εγενετο και ου δυναται λυθηναι η γραφη

"If He called them gods to whom the word of God came – and the scripture cannot be undone –

---

[21] Psalm 82:6.

10:36 ον ο πατηρ ηγιασεν και απεστειλεν εις τον κοσμον υμεις λεγετε οτι βλασφημεις οτι ειπον υιος του θεου ειμι

"the One whom the Father rejoiced in and sent into the world, you say that 'You blaspheme", because I said I am Son of God?

10:37 ει ου ποιω τα εργα του πατρος μου μη πιστευετε μοι

"If I don't do the works of my Father, don't believe me.

10:38 ει δε ποιω καν εμοι μη πιστευητε τοις εργοις πιστευετε ινα γνωτε και γινωσκητε οτι εν εμοι ο πατηρ καγω εν τω πατρι

"Yet if I do, and you don't believe me, believe the works, that you may come to know and recognize that the Father *is* in me, and I in the Father."

Jesus Escapes from Them

10:39 εζητουν [ουν] αυτον παλιν πιασαι και εξηλθεν εκ της χειρος αυτων

They again began seeking to arrest Him, and He went out from their hands.

10:40 και απηλθεν παλιν περαν του ιορδανου εις τον τοπον οπου ην ιωαννης το πρωτον βαπτιζων και εμενεν εκει

He went away again across the Jordan to the place were John was baptizing at first, and He stayed there.

10:41 και πολλοι ηλθον προς αυτον και ελεγον οτι ιωαννης μεν σημειον εποιησεν ουδεν παντα δε οσα ειπεν ιωαννης περι τουτου αληθη ην

Many came to Him, and they were saying that, "John indeed worked no sign, yet all, as much as John said about this *man*, was true."

10:42 και πολλοι επιστευσαν εις αυτον εκει

Many believed in Him there.

11

The Illness and Death of Lazarus

:1 ην δε τις ασθενων λαζαρος απο βηθανιας εκ της κωμης μαριας και μαρθας της αδελφης αυτης

There was *a* sick man, Lazarus[22] of Bethany, from the village of Mary and Martha his sisters.

11:2 ην δε μαριαμ η αλειψασα τον κυριον μυρω και εκμαξασα τους ποδας αυτου ταις θριξιν αυτης ης ο αδελφος λαζαρος ησθενει

Mary, whose brother Lazarus was sick, was the *one* having anointed the Lord with myrrh and dried His feet with her hair.[23]

11:3 απεστειλαν ουν αι αδελφαι προς αυτον λεγουσαι κυριε ιδε ον φιλεις ασθενει

Then the sisters sent to Him, saying, "Lord, look! The *one* whom you love is sick."

---

[22] Lazarus, Λάζαρος in Greek, means "whom God helps."

[23] This story is told at Matthew 26:6-7; Mark 14:3; Luke 7:37-38, and John 12:1-3.

11:4 ακουσας δε ο ιησους ειπεν αυτη η ασθενεια ουκ εστιν προς θανατον αλλ υπερ της δοξης του θεου ινα δοξασθη ο υιος του θεου δι αυτης

Having heard, Jesus said, "This sickness is not to death, but for the glory of God, that the Son of God may be glorified through her."

11:5 ηγαπα δε ο ιησους την μαρθαν και την αδελφην αυτης και τον λαζαρον

Yet Jesus loved Martha and her sister and Lazarus.

Jesus and the Disciples Discuss Going to Bethany
11:6 ως ουν ηκουσεν οτι ασθενει τοτε μεν εμεινεν εν ω ην τοπω δυο ημερας

Therefore, as He heard that He is sick, then indeed He stayed two days in the place where He was.

11:7 επειτα μετα τουτο λεγει τοις μαθηταις αγωμεν εις την ιουδαιαν παλιν

After this, He says to the disciples, "Let's go to Judea again."

11:8 λεγουσιν αυτω οι μαθηται ραββι νυν εζητουν σε λιθασαι οι ιουδαιοι και παλιν υπαγεις εκει

The disciples say to Him, "Rabbi, the Jews were seeking to stone you now, and are you going there again?"

11:9 απεκριθη ιησους ουχι δωδεκα ωραι εισιν της ημερας εαν τις περιπατη εν τη ημερα ου προσκοπτει οτι το φως του κοσμου τουτου βλεπει

Jesus said, "Aren't there twelve hours in the day? If someone walks in the day he doesn't stumble, because he sees the light of this world.

11:10 εαν δε τις περιπατη εν τη νυκτι προσκοπτει οτι το φως ουκ εστιν εν αυτω

"Yet if someone walks in the night he stumbles, because the light isn't in him."

11:11 ταυτα ειπεν και μετα τουτο λεγει αυτοις λαζαρος ο φιλος ημων κεκοιμηται αλλα πορευομαι ινα εξυπνισω αυτον

He said these *things*, and after this He says to them, "Our friend Lazarus has fallen asleep, but I go so I may wake him up."

11:12 ειπαν ουν οι μαθηται αυτω κυριε ει κεκοιμηται σωθησεται

The disciples said to Him, "Lord, if he has fallen asleep, he will be saved."

11:13 ειρηκει δε ο ιησους περι του θανατου αυτου εκεινοι δε εδοξαν οτι περι της κοιμησεως του υπνου λεγει

Jesus had spoken about his death, but they thought that He speaks about the rest of sleep.

11:14 τοτε ουν ειπεν αυτοις ο ιησους παρρησια λαζαρος απεθανεν

Then Jesus said to them openly, "Lazarus died,

11:15 και χαιρω δι υμας ινα πιστευσητε οτι ουκ ημην εκει αλλα αγωμεν προς αυτον

"and I rejoice for your sake that believe that I was not there. But let us go to him."

11:16 ειπεν ουν θωμας ο λεγομενος διδυμος τοις συμμαθηταις αγωμεν και ημεις ινα αποθανωμεν μετ αυτου

Then Thomas, the *one* called Twin, said to the fellow disciples, "Let's go with Him too, so we can die with Him."

Jesus at Lazarus' Tomb

11:17 ελθων ουν ο ιησους ευρεν αυτον τεσσαρας ηδη ημερας εχοντα εν τω μνημειω

Then Jesus, coming, found him already having four days in the tomb.

11:18 ην δε βηθανια εγγυς των ιεροσολυμων ως απο σταδιων δεκαπεντε

Bethany was near Jerusalem, like around fifteen stadia.[24]

11:19 πολλοι δε εκ των ιουδαιων εληλυθεισαν προς την μαρθαν και μαριαμ ινα παραμυθησωνται αυτας περι του αδελφου

Many of the Jews had come to Martha and Mary so they could console them about their brother.

Martha with Jesus

11:20 η ουν μαρθα ως ηκουσεν οτι ιησους ερχεται υπηντησεν αυτω μαριαμ δε εν τω οικω εκαθεζετο

---

[24] The distance was roughly two miles.

Martha, as she heard that Jesus comes, went to meet Him, yet Mary sat in the house.

11:21 ειπεν ουν η μαρθα προς ιησουν κυριε ει ης ωδε ουκ αν απεθανεν ο αδελφος μου

Then Martha said to Jesus, "Lord, if you were here, my brother would not have died,

11:22 και νυν οιδα οτι οσα αν αιτηση τον θεον δωσει σοι ο θεος

"and I know now that whatever you ask God, God will give you."

11:23 λεγει αυτη ο ιησους αναστησεται ο αδελφος σου

Jesus says to her, "Your brother will rise again."

11:24 λεγει αυτω η μαρθα οιδα οτι αναστησεται εν τη αναστασει εν τη εσχατη ημερα

Martha says to him, "I know that he will rise in the resurrection on the last day."

11:25 ειπεν αυτη ο ιησους εγω ειμι η αναστασις και η ζωη ο πιστευων εις εμε καν αποθανη ζησεται

Jesus said to her, "I am the resurrection and the life. The *one* believing in me will live, even if he dies;

11:26 και πας ο ζων και πιστευων εις εμε ου μη αποθανη εις τον αιωνα πιστευεις τουτο

"and everyone living and believing in me will not die to eternity. Do you believe this?"

11:27 λεγει αυτω ναι κυριε εγω πεπιστευκα οτι συ ει ο χριστος ο υιος του θεου ο εις τον κοσμον ερχομενος

She says to Him, "Yes, Lord. I've believed that you are the Christ, the Son of God, the *one* coming into the world."

Martha Calls Mary

11:28 και τουτο ειπουσα απηλθεν και εφωνησεν μαριαμ την αδελφην αυτης λαθρα ειπουσα ο διδασκαλος παρεστιν και φωνει σε

Having said this, she went away and called Mary her sister, saying secretly, "The teacher is here, and He's calling you."

11:29 εκεινη δε ως ηκουσεν ηγερθη ταχυ και ηρχετο προς αυτον

She, as she heard, got up quickly and came to him.

11:30 ουπω δε εληλυθει ο ιησους εις την κωμην αλλ ην ετι εν τω τοπω οπου υπηντησεν αυτω η μαρθα

Jesus had not yet come into the village, but was still in the place where Martha had met Him.

11:31 οι ουν ιουδαιοι οι οντες μετ αυτης εν τη οικια και παραμυθουμενοι αυτην ιδοντες την μαριαμ οτι ταχεως ανεστη και εξηλθεν ηκολουθησαν αυτη δοξαντες οτι υπαγει εις το μνημειον ινα κλαυση εκει

Then the Jews being with her in the house and consoling her, seeing Mary, that she got up quickly and went out, followed her, thinking that she goes to the tomb to weep there.

Jesus with Mary

11:32 η ουν μαριαμ ως ηλθεν οπου ην ιησους ιδουσα αυτον επεσεν αυτου προς τους ποδας λεγουσα αυτω κυριε ει ης ωδε ουκ αν μου απεθανεν ο αδελφος

Mary, as she came where Jesus was, having seen Him, fell at His feet, saying to Him, "Lord, if you had been here, my brother would not have died."

11:33 ιησους ουν ως ειδεν αυτην κλαιουσαν και τους συνελθοντας αυτη ιουδαιους κλαιοντας ενεβριμησατο τω πνευματι και εταραξεν εαυτον

Jesus, as he saw her weeping and the Jews coming with her weeping, was deeply moved in spirit and troubled in Himself,

11:34 και ειπεν που τεθεικατε αυτον λεγουσιν αυτω κυριε ερχου και ιδε

and He said, "Where have you put him?"

They say to him, "Lord, come and see."

11:35 εδακρυσεν ο ιησους

Jesus wept.

11:36 ελεγον ουν οι ιουδαιοι ιδε πως εφιλει αυτον

Then the Jews began saying, "See how He loved him!"

11:37 τινες δε εξ αυτων ειπαν ουκ εδυνατο ουτος ο ανοιξας τους οφθαλμους του τυφλου ποιησαι ινα και ουτος μη αποθανη

Yet some of them said, "Couldn't this *man*, the opener of the eyes of the blind, have made *it* that he wouldn't have died?"

Jesus at the Tomb

11:38 ιησους ουν παλιν εμβριμωμενος εν εαυτω ερχεται εις το μνημειον ην δε σπηλαιον και λιθος επεκειτο επ αυτω

Then Jesus, moved again in himself, comes to the tomb. *A* cave was there, and *a* stone placed over it.

11:39 λεγει ο ιησους αρατε τον λιθον λεγει αυτω η αδελφη του τετελευτηκοτος μαρθα κυριε ηδη οζει τεταρταιος γαρ εστιν

Jesus says, "Take the stone away."

Martha, the sister of the dead man, says to Him, "Lord, he already stinks, for it's the fourth *day*."

11:40 λεγει αυτη ο ιησους ουκ ειπον σοι οτι εαν πιστευσης οψη την δοξαν του θεου

Jesus says to her, "Didn't I say to you that if you believe, you would see the glory of God?"

11:41 ηραν ουν τον λιθον ο δε ιησους ηρεν τους οφθαλμους ανω και ειπεν πατερ ευχαριστω σοι οτι ηκουσας μου

Then they took away the stone. Jesus lifted the eyes above and said, "Father, I give thanks to You that You've heard me.

11:42 εγω δε ηδειν οτι παντοτε μου ακουεις αλλα δια τον οχλον τον περιεστωτα ειπον ινα πιστευσωσιν οτι συ με απεστειλας

"I had known that You always hear me, but I spoke for the sake of the crowd standing here, that they may believe that You sent me."

Jesus Raises Lazarus

11:43 και ταυτα ειπων φωνη μεγαλη εκραυγασεν λαζαρε δευρο εξω

Saying these *things*, He shouted in *a* great voice, "Lazarus, come out!"

11:44 εξηλθεν ο τεθνηκως δεδεμενος τους ποδας και τας χειρας κειριαις και η οψις αυτου σουδαριω περιεδεδετο λεγει [ο] ιησους αυτοις λυσατε αυτον και αφετε αυτον υπαγειν

The dead man came out, bound feet and hands in wrappings and his appearance wrapped in *a* face-cloth. Jesus says to them, "Unbind him, and let him go."

Reaction to the Wonder

11:45 πολλοι ουν εκ των ιουδαιων οι ελθοντες προς την μαριαμ και θεασαμενοι ο εποιησεν επιστευσαν εις αυτον

Then many of the Jews coming to Mary and seeing what He had done believed in Him.

11:46 τινες δε εξ αυτων απηλθον προς τους φαρισαιους και ειπαν αυτοις α εποιησεν ιησους

Yet some of them went away to the Pharisees and told them what Jesus had done.

11:47 συνηγαγον ουν οι αρχιερεις και οι φαρισαιοι συνεδριον και ελεγον τι ποιουμεν οτι ουτος ο ανθρωπος πολλα ποιει σημεια

Then the chief priests and the Pharisees gathered the Sanhedrin together, and they began saying, "What are we doing, for this man works many signs?

11:48 εαν αφωμεν αυτον ουτως παντες πιστευσουσιν εις αυτον και ελευσονται οι ρωμαιοι και αρουσιν ημων και τον τοπον και το εθνος

"If we allow Him to do so, all will believe in Him, and the Romans will come and take away both our place and the nation."

Caiaphas Prophesies

11:49 εις δε τις εξ αυτων καιαφας αρχιερευς ων του ενιαυτου εκεινου ειπεν αυτοις υμεις ουκ οιδατε ουδεν

Yet one of them, Caiaphas,[25] being the high priest that year, said to them, "Don't you know anything?

11:50 ουδε λογιζεσθε οτι συμφερει υμιν ινα εις ανθρωπος αποθανη υπερ του λαου και μη ολον το εθνος αποληται

"Don't you consider that it is better to you that one man die for the people, and the whole nation not be destroyed?"

11:51 τουτο δε αφ εαυτου ουκ ειπεν αλλα αρχιερευς ων του ενιαυτου εκεινου επροφητευσεν οτι εμελλεν ιησους αποθνησκειν υπερ του εθνους

He didn't say this of himself, but being high priest that year, he prophesied that Jesus was about to die for the nation –

---

[25] Caiaphas, Καϊάφας in Greek, means "lovely."

11:52 και ουχ υπερ του εθνους μονον αλλ ινα και τα τεκνα του θεου τα διεσκορπισμενα συναγαγη εις εν

and not only for the nation, but that He might gather together into one the scattered children of God.

11:53 απ εκεινης ουν της ημερας εβουλευσαντο ινα αποκτεινωσιν αυτον

From that day, they took counsel that they might kill Him.

Jesus Goes To Ephraim
11:54 ο ουν ιησους ουκετι παρρησια περιεπατει εν τοις ιουδαιοις αλλα απηλθεν εκειθεν εις την χωραν εγγυς της ερημου εις εφραιμ λεγομενην πολιν κακει εμεινεν μετα των μαθητων

Jesus, then, no longer walked around openly among the Jews, but went away from there to a village near the desert, to a city called Ephraim, and stayed there with the disciples.

11:55 ην δε εγγυς το πασχα των ιουδαιων και ανεβησαν πολλοι εις ιεροσολυμα εκ της χωρας προ του πασχα ινα αγνισωσιν εαυτους

Yet the Passover of the Jews was near, and many went up to Jerusalem from the village before the Passover so they could purify themselves.

11:56 εζητουν ουν τον ιησουν και ελεγον μετ αλληλων εν τω ιερω εστηκοτες τι δοκει υμιν οτι ου μη ελθη εις την εορτην

They were looking for Jesus and, standing in the temple, were saying to each other, "What does it seem to you? Will He not come to the feast?"

11:57 δεδωκεισαν δε οι αρχιερεις και οι φαρισαιοι εντολας ινα εαν τις γνω που εστιν μηνυση οπως πιασωσιν αυτον

Yet the chief priests and Pharisees had given *a* commandment that if anyone knew where He is, he make *it* known so they could arrest Him.

Anointed at Bethany

12 **:1** ο ουν ιησους προ εξ ημερων του πασχα ηλθεν εις βηθανιαν οπου ην λαζαρος ον ηγειρεν εκ νεκρων ιησους

Six days before the Passover, then, Jesus came to Bethany, where Lazarus was whom Jesus raised from the dead.

12:2 εποιησαν ουν αυτω δειπνον εκει και η μαρθα διηκονει ο δε λαζαρος εις ην εκ των ανακειμενων συν αυτω

They made *a* feast there, and Martha served, yet Lazarus was one of those reclining *at table* with Him.

12:3 η ουν μαριαμ λαβουσα λιτραν μυρου ναρδου πιστικης πολυτιμου ηλειψεν τους ποδας [του] ιησου και εξεμαξεν ταις θριξιν αυτης τους ποδας αυτου η δε οικια επληρωθη εκ της οσμης του μυρου

Then Mary, having taken *a* pound of pure spikenard ointment of great cost, anointed Jesus' feet and dried His feet with her hair. The house was filled with the fragrance of ointment.

Judas Iscariot Objects

12:4 λεγει [δε] ιουδας ο ισκαριωτης εις των μαθητων αυτου ο μελλων αυτον παραδιδοναι

[Yet] Judas Iscariot, one of his disciples, the *one* about to betray him, says,

12:5 δια τι τουτο το μυρον ουκ επραθη τριακοσιων δηναριων και εδοθη πτωχοις

"Why wasn't this ointment sold for three hundred denarii and given to the poor?"

12:6 ειπεν δε τουτο ουχ οτι περι των πτωχων εμελεν αυτω αλλ οτι κλεπτης ην και το γλωσσοκομον εχων τα βαλλομενα εβασταζεν

He said this not because it mattered to him about the poor, but because he was *a* thief and, having the money-box, he took the *things* thrown into *it*.

12:7 ειπεν ουν ο ιησους αφες αυτην ινα εις την ημεραν του ενταφιασμου μου τηρηση αυτο

Jesus said, "Leave her alone, because she has kept it to the day of my burial –

12:8 τους πτωχους γαρ παντοτε εχετε μεθ εαυτων εμε δε ου παντοτε εχετε

"for you always have the poor with you, yet you don't always have me."

Crowds of Curiosity Seekers
12:9 εγνω ουν ο οχλος πολυς εκ των ιουδαιων οτι εκει εστιν και ηλθον ου δια τον ιησουν μονον αλλ ινα και τον λαζαρον ιδωσιν ον ηγειρεν εκ νεκρων

Then the great crowd from the Jews knew that He is there, and they came not only for Jesus alone, but so they could see Lazarus whom He raised from the dead.

12:10 εβουλευσαντο δε οι αρχιερεις ινα και τον λαζαρον αποκτεινωσιν

Yet the chief priests took counsel so they could kill Lazarus too,

12:11 οτι πολλοι δι αυτον υπηγον των ιουδαιων και επιστευον εις τον ιησουν

because through him many were going away from the Jews and believing in Jesus.

Preparing to Enter Jerusalem

12:12 τη επαυριον ο οχλος πολυς ο ελθων εις την εορτην ακουσαντες οτι ερχεται ιησους εις ιεροσολυμα

The following morning, the great crowd coming to the feast, having heard that Jesus comes into Jerusalem,

12:13 ελαβον τα βαια των φοινικων και εξηλθον εις υπαντησιν αυτω και εκραυγαζον ωσαννα ευλογημενος ο ερχομενος εν ονοματι κυριου και ο βασιλευς του ισραηλ

took the branches of the palm trees and went out to meet Him. They were calling out,

> "Hosanna! Blessed *is* the *one*
> coming in the Lord's name,

and the king of Israel!"[26]

12:14 ευρων δε ο ιησους οναριον εκαθισεν επ αυτο καθως εστιν γεγραμμενον

Jesus, finding *a* young donkey, sat on it, just as is written:

12:15 μη φοβου θυγατηρ σιων ιδου ο βασιλευς σου ερχεται καθημενος επι πωλον ονου

"Don't fear, Sion's daughter!
Look! Your king comes to you
seated on *a* donkey's colt."[27]

12:16 ταυτα ουκ εγνωσαν αυτου οι μαθηται το πρωτον αλλ οτε εδοξασθη ιησους τοτε εμνησθησαν οτι ταυτα ην επ αυτω γεγραμμενα και ταυτα εποιησαν αυτω

His disciples didn't recognize these *things* at first, but when Jesus was glorified, then they remembered that these were written about Him, and they had done these *things* to Him.

The Crowd Comes to See
12:17 εμαρτυρει ουν ο οχλος ο ων μετ αυτου οτε τον λαζαρον εφωνησεν εκ του μνημειου και ηγειρεν αυτον εκ νεκρων

Then the crowd which was with Him when He called Lazarus from the tomb and raised him from the dead began to testify.

---

[26] Compare to Psalm 118:26.

[27] Zechariah 9:9.

12:18 δια τουτο και υπηντησεν αυτω ο οχλος οτι ηκουσαν τουτο αυτον πεποιηκεναι το σημειον

For this *reason* also, the crowd met Him: because they heard that He had worked this sign.

12:19 οι ουν φαρισαιοι ειπαν προς εαυτους θεωρειτε οτι ουκ ωφελειτε ουδεν ιδε ο κοσμος οπισω αυτου απηλθεν

Then the Pharisees said to themselves, "See that you profit nothing! Look! The world goes out after Him."

Gentiles Seek Him
12:20 ησαν δε ελληνες τινες εκ των αναβαινοντων ινα προσκυνησωσιν εν τη εορτη

Yet some Greeks were among those going up so they could worship at the feast.

12:21 ουτοι ουν προσηλθον φιλιππω τω απο βηθσαιδα της γαλιλαιας και ηρωτων αυτον λεγοντες κυριε θελομεν τον ιησουν ιδειν

These came to Philip, the *one* from Bethsaida of Galilee, and asked him, saying, "Sir, we want to see Jesus."

12:22 ερχεται ο φιλιππος και λεγει τω ανδρεα ερχεται ανδρεας και φιλιππος και λεγουσιν τω ιησου

Philip goes and speaks to Andrew. Andrew goes, and Philip, and they speak to Jesus.

The Hour Has Come
12:23 ο δε ιησους αποκρινεται αυτοις λεγων εληλυθεν η ωρα ινα

δοξασθη ο υιος του ανθρωπου

Yet Jesus answers them, saying, "The hour has come that the Son of Man be glorified.

12:24 αμην αμην λεγω υμιν εαν μη ο κοκκος του σιτου πεσων εις την γην αποθανη αυτος μονος μενει εαν δε αποθανη πολυν καρπον φερει

"Amen, amen, I say to you, unless the grain of wheat falling into the ground dies, it remains alone. Yet if it dies, it bears much fruit.

12:25 ο φιλων την ψυχην αυτου απολλυει αυτην και ο μισων την ψυχην αυτου εν τω κοσμω τουτω εις ζωην αιωνιον φυλαξει αυτην

"The *one* loving his soul loses her, and the *one* hating his soul in this world will keep her to eternal life.

12:26 εαν εμοι τις διακονη εμοι ακολουθειτω και οπου ειμι εγω εκει και ο διακονος ο εμος εσται εαν τις εμοι διακονη τιμησει αυτον ο πατηρ

"If someone serves me, let him follow, and where I am, there my servant will be also. If someone serves me, the Father will honor him.

12:27 νυν η ψυχη μου τεταρακται και τι ειπω πατερ σωσον με εκ της ωρας ταυτης αλλα δια τουτο ηλθον εις την ωραν ταυτην

"Now my soul is troubled, and what should I say: 'Father, save me from this hour'? But I came to this hour for this *reason*.

12:28 πατερ δοξασον σου το ονομα ηλθεν ουν φωνη εκ του ουρανου και εδοξασα και παλιν δοξασω

"Father, glorify Your name!"

A Voice from the Sky
A voice came from the sky, "I both have glorified, and will glorify again."

12:29 ο [ουν] οχλος ο εστως και ακουσας ελεγεν βροντην γεγονεναι αλλοι ελεγον αγγελος αυτω λελαληκεν

[Then] the crowd standing by and having heard began saying, "It thundered."

Others were saying, "*An* angel has spoken to Him."

The World's Judgment
12:30 απεκριθη και ειπεν ιησους ου δι εμε η φωνη αυτη γεγονεν αλλα δι υμας

Jesus answered and said, "This voice came not for my sake but for yours.

12:31 νυν κρισις εστιν του κοσμου τουτου νυν ο αρχων του κοσμου τουτου εκβληθησεται εξω

"Now is judgment of this world. Now the rulers of this world will be thrown out,

12:32 καγω εαν υψωθω εκ της γης παντας ελκυσω προς εμαυτον

"and I, if I am lifted up from the earth, will draw all to myself."

12:33 τουτο δε ελεγεν σημαινων ποιω θανατω ημελλεν αποθνησκειν

Yet He was saying this, signifying what sort of death He was about to die.

12:34 απεκριθη ουν αυτω ο οχλος ημεις ηκουσαμεν εκ του νομου οτι ο χριστος μενει εις τον αιωνα και πως λεγεις συ οτι δει υψωθηναι τον υιον του ανθρωπου τις εστιν ουτος ο υιος του ανθρωπου

The crowd answered Him, "We've heard from the law that the Christ remains to eternity, and how do you say that it is necessary for the Son of Man to be lifted up? Who is this Son of Man?"

The Light Is Among You

12:35 ειπεν ουν αυτοις ο ιησους ετι μικρον χρονον το φως εν υμιν εστιν περιπατειτε ως το φως εχετε ινα μη σκοτια υμας καταλαβη και ο περιπατων εν τη σκοτια ουκ οιδεν που υπαγει

Jesus said to them, "The light is among you yet *a* little while. Walk as you have light, that the darkness not overcome you! The *one* walking in the darkness does not know where he is going.

12:36 ως το φως εχετε πιστευετε εις το φως ινα υιοι φωτος γενησθε ταυτα ελαλησεν ιησους και απελθων εκρυβη απ αυτων

"As you have the light, believe in the light, that you may become sons of light."

Jesus Hides from Unbelievers

Jesus said these *things* and, going out, hid from them.

12:37 τοσαυτα δε αυτου σημεια πεποιηκοτος εμπροσθεν αυτων ουκ επιστευον εις αυτον

Having worked such great signs before them, they didn't believe in Him,

12:38 ινα ο λογος ησαιου του προφητου πληρωθη ον ειπεν κυριε τις επιστευσεν τη ακοη ημων και ο βραχιων κυριου τινι απεκαλυφθη

that the word of Isaiah the prophet might be fulfilled which said,

"Lord, who has
believed our hearing,
and to whom was
the Lord's arm revealed?"[28]

12:39 δια τουτο ουκ ηδυναντο πιστευειν οτι παλιν ειπεν ησαιας

For this *reason* they couldn't believe, for Isaiah again said,

12:40 τετυφλωκεν αυτων τους οφθαλμους και επωρωσεν αυτων την καρδιαν ινα μη ιδωσιν τοις οφθαλμοις και νοησωσιν τη καρδια και στραφωσιν και ιασομαι αυτους

"He has blinded their eyes
and hardened their heart
that they may not see with their eyes
and understand by the heart,
and turn, and I will restore them."[29]

---

[28] Isaiah 53:1.

[29] Compare to Isaiah 6:10.

12:41 ταυτα ειπεν ησαιας οτι ειδεν την δοξαν αυτου και ελαλησεν περι αυτου

Isaiah said these *things* because he saw His glory, and he spoke about Him.

12:42 ομως μεντοι και εκ των αρχοντων πολλοι επιστευσαν εις αυτον αλλα δια τους φαρισαιους ουχ ωμολογουν ινα μη αποσυναγωγοι γενωνται

Nevertheless, many of the rulers believed in Him too, but because of the Pharisees, they wouldn't confess so they wouldn't be put out of the synagogue –

12:43 ηγαπησαν γαρ την δοξαν των ανθρωπων μαλλον ηπερ την δοξαν του θεου

for they loved the glory of men rather than the glory of God.

Who Believes in Me

12:44 ιησους δε εκραξεν και ειπεν ο πιστευων εις εμε ου πιστευει εις εμε αλλα εις τον πεμψαντα με

Yet Jesus shouted and said, "The *one* believing in me doesn't believe in me, but in the *One* having sent me;

12:45 και ο θεωρων εμε θεωρει τον πεμψαντα με

"and the *one* seeing me sees the *One* having sent me.

12:46 εγω φως εις τον κοσμον εληλυθα ινα πας ο πιστευων εις εμε εν τη σκοτια μη μεινη

"I have come *as* light into the world, that everyone believing in me may not remain in the darkness.

12:47 και εαν τις μου ακουση των ρηματων και μη φυλαξη εγω ου κρινω αυτον ου γαρ ηλθον ινα κρινω τον κοσμον αλλ ινα σωσω τον κοσμον

"If someone hears my words and doesn't keep them, I don't judge him – for I didn't come that I might judge the world, but that I might save the world.

12:48 ο αθετων εμε και μη λαμβανων τα ρηματα μου εχει τον κρινοντα αυτον ο λογος ον ελαλησα εκεινος κρινει αυτον εν τη εσχατη ημερα

"The *one* rejecting me and not receiving my words has *one* judging him. The word which I've spoken, that will judge him on the last day;

12:49 οτι εγω εξ εμαυτου ουκ ελαλησα αλλ ο πεμψας με πατηρ αυτος μοι εντολην δεδωκεν τι ειπω και τι λαλησω

"for I haven't spoken from myself, but the Father having sent me, He has given me commandment what I should say and what I should speak.

12:50 και οιδα οτι η εντολη αυτου ζωη αιωνιος εστιν α ουν εγω λαλω καθως ειρηκεν μοι ο πατηρ ουτως λαλω

"I know that His commandment is eternal life, which therefore I speak. Even as the Father has spoken to me, so I speak."

Jesus Washes the Disciples' Feet

13 :1 προ δε της εορτης του πασχα ειδως ο ιησους οτι ηλθεν αυτου η ωρα ινα μεταβη εκ του κοσμου τουτου προς τον πατερα αγαπησας τους ιδιους τους εν τω κοσμω εις τελος ηγαπησεν αυτους

Before the feast of the Passover, Jesus, seeing that His hour came that He cross over from this world to the Father, having loved His own in the world, He loved them to the end.

13:2 και δειπνου γινομενου του διαβολου ηδη βεβληκοτος εις την καρδιαν ινα παραδοι αυτον ιουδας σιμωνος ισκαριωτης

While the feast *was* happening, *it was* already cast of the devil into the heart that Judas Simon Iscariot betray him.

13:3 ειδως οτι παντα εδωκεν αυτω ο πατηρ εις τας χειρας και οτι απο θεου εξηλθεν και προς τον θεον υπαγει

Seeing that the Father has given all into His hands, and that He came out from God and goes to God,

13:4 εγειρεται εκ του δειπνου και τιθησιν τα ιματια και λαβων λεντιον διεζωσεν εαυτον

He gets up from the supper, and sets aside the garments. Taking *a* towel, He wrapped *it* around Him.

13:5 ειτα βαλλει υδωρ εις τον νιπτηρα και ηρξατο νιπτειν τους ποδας των μαθητων και εκμασσειν τω λεντιω ω ην διεζωσμενος

Then He pours water into *a* wash bowl, and begins to wash the feet of the disciples and to dry them with the towel which was wrapped around *Him*.

Peter Objects

13:6 ερχεται ουν προς σιμωνα πετρον λεγει αυτω κυριε συ μου νιπτεις τους ποδας

He comes, then, to Simon Peter. *Peter* says to him, "Lord, are you washing my feet?"

13:7 απεκριθη ιησους και ειπεν αυτω ο εγω ποιω συ ουκ οιδας αρτι γνωση δε μετα ταυτα

Jesus answered and said to him, "What I do you don't understand now, yet you will realize after these *things*."

13:8 λεγει αυτω πετρος ου μη νιψης μου τους ποδας εις τον αιωνα απεκριθη ιησους αυτω εαν μη νιψω σε ουκ εχεις μερος μετ εμου

Peter says to Him, "You may never wash my feet to eternity."

Jesus answered him, "If I don't wash you, you have no portion with me."

13:9 λεγει αυτω σιμων πετρος κυριε μη τους ποδας μου μονον αλλα και τας χειρας και την κεφαλην

Simon Peter says to him, "Lord, not my feet only, but the hands and the head!"

13:10 λεγει αυτω ιησους ο λελουμενος ουκ εχει χρειαν [ει μη τους ποδας] νιψασθαι αλλ εστιν καθαρος ολος και υμεις καθαροι εστε αλλ ουχι παντες

Jesus says to him, "The *one* washed doesn't need to wash [except the feet], but is wholly clean, and you are clean – but not all."

13:11 ηδει γαρ τον παραδιδοντα αυτον δια τουτο ειπεν οτι ουχι παντες καθαροι εστε

For He knew the *one* betraying Him. For this *reason*, He said that "Not all *of you* are clean."

Jesus Explains the Foot Washing
13:12 οτε ουν ενιψεν τους ποδας αυτων και ελαβεν τα ιματια αυτου και ανεπεσεν παλιν ειπεν αυτοις γινωσκετε τι πεποιηκα υμιν

When He washed their feet and took his clothing and reclined again *at table*, He said to them, "Do you know what I've done to you?

13:13 υμεις φωνειτε με ο διδασκαλος και ο κυριος και καλως λεγετε ειμι γαρ

"You call me the teacher and the Lord, and you say well, for I am.

13:14 ει ουν εγω ενιψα υμων τους ποδας ο κυριος και ο διδασκαλος και υμεις οφειλετε αλληλων νιπτειν τους ποδας

"If, then, I wash your feet, the Lord and the teacher, you ought also to wash one another's feet.

13:15 υποδειγμα γαρ εδωκα υμιν ινα καθως εγω εποιησα υμιν και υμεις ποιητε

"For I've given you *a* pattern that, just as I did to you, you also may do.

13:16 αμην αμην λεγω υμιν ουκ εστιν δουλος μειζων του κυριου αυτου ουδε αποστολος μειζων του πεμψαντος αυτον

"Amen, amen, I say to you that *a* slave is not greater than his master, nor *an* apostle greater than the *One* having sent him.

13:17 ει ταυτα οιδατε μακαριοι εστε εαν ποιητε αυτα

"If you've understood these *words*, you are blessed if you do them.

Jesus Hints at Betrayal and Death

13:18 ου περι παντων υμων λεγω εγω οιδα τινας εξελεξαμην αλλ ινα η γραφη πληρωθη ο τρωγων μου τον αρτον επηρεν επ εμε την πτερναν αυτου

"I'm not talking about all of you. I've known whom I've chosen. But that the scripture may be fulfilled,

'The *one* eating bread with me
lifted up his heel against me'[30] –

13:19 απ αρτι λεγω υμιν προ του γενεσθαι ινα πιστευητε οταν γενηται οτι εγω ειμι

"I tell you from now on, before it happens, that when it happens you may believe that I am.

13:20 αμην αμην λεγω υμιν ο λαμβανων αν τινα πεμψω εμε λαμβανει ο δε εμε λαμβανων λαμβανει τον πεμψαντα με

"Amen, amen, I say to you, the *one* receiving whomever I send

---

[30] Psalm 41:9.

receives me. Yet the *one* receiving me receives the *One* having sent me."

Jesus Predicts Betrayal

13:21 ταυτα ειπων ιησους εταραχθη τω πνευματι και εμαρτυρησεν και ειπεν αμην αμην λεγω υμιν οτι εις εξ υμων παραδωσει με

While saying these *things*, Jesus was troubled in spirit, and testified, and said, "Amen, amen, I say to you that one of you will betray me."

13:22 εβλεπον εις αλληλους οι μαθηται απορουμενοι περι τινος λεγει

The disciples began looking around at each other, at a loss about whom he speaks.

13:23 ην ανακειμενος εις εκ των μαθητων αυτου εν τω κολπω του ιησου ον ηγαπα [ο] ιησους

One of his disciples whom Jesus loved was reclining *at table* in Jesus' embrace.

13:24 νευει ουν τουτω σιμων πετρος και λεγει αυτω ειπε τις εστιν περι ου λεγει

Then Simon Peter nodded to him, and says to him, "Ask Him who it is He's talking about!"

13:25 αναπεσων εκεινος ουτως επι το στηθος του ιησου λεγει αυτω κυριε τις εστιν

That *disciple*, reclining so on the chest of Jesus, says to Him,

"Lord, who is *it*?"

13:26 αποκρινεται ουν [ο] ιησους εκεινος εστιν ω εγω βαψω το ψωμιον και δωσω αυτω βαψας ουν [το] ψωμιον λαμβανει και διδωσιν ιουδα σιμωνος ισκαριωτου

Jesus answers, "He is *the one* to whom I dip the morsel and give it."

Having dipped [the] morsel, then, He takes and gives to Judas Simon Iscariot,

13:27 και μετα το ψωμιον τοτε εισηλθεν εις εκεινον ο σατανας λεγει ουν αυτω ιησους ο ποιεις ποιησον ταχιον

and after the morsel, then Satan went into that *man*. Jesus says to him, then, "What you do, do quickly."

13:28 τουτο [δε] ουδεις εγνω των ανακειμενων προς τι ειπεν αυτω

[Yet] no one among those reclining *at table* understood to what *purpose* He said this to him,

13:29 τινες γαρ εδοκουν επει το γλωσσοκομον ειχεν ιουδας οτι λεγει αυτω ιησους αγορασον ων χρειαν εχομεν εις την εορτην η τοις πτωχοις ινα τι δω

for some thought since Judas had the money-box, that Jesus says to him, 'Buy what we have need of for the feast', or that he give something to the poor.

13:30 λαβων ουν το ψωμιον εκεινος εξηλθεν ευθυς ην δε νυξ

Taking the morsel, that *man* went out at once. It was night.

Man's Son Is Glorified

13:31 οτε ουν εξηλθεν λεγει ιησους νυν εδοξασθη ο υιος του ανθρωπου και ο θεος εδοξασθη εν αυτω

When he went out, Jesus says, "Now the Son of Man has been glorified, and God has been glorified in Him;

13:32 και ο θεος δοξασει αυτον εν αυτω και ευθυς δοξασει αυτον

"and God will glorify Him in Him, and will glorify Him at once.

13:33 τεκνια ετι μικρον μεθ υμων ειμι ζητησετε με και καθως ειπον τοις ιουδαιοις οτι οπου εγω υπαγω υμεις ου δυνασθε ελθειν και υμιν λεγω αρτι

"Little children, I am with you yet *a* little *while*. You will seek me and, just as I said to the Jews, that 'Where I go you cannot come' – I say to you now also.

A New Commandment

13:34 εντολην καινην διδωμι υμιν ινα αγαπατε αλληλους καθως ηγαπησα υμας ινα και υμεις αγαπατε αλληλους

"I give you *a* new commandment: that you love one another – even as I loved you, that you also love one another.

13:35 εν τουτω γνωσονται παντες οτι εμοι μαθηται εστε εαν αγαπην εχητε εν αλληλοις

"In this, all will know that you are my disciples: if you have love among each other."

Where Are You Going?

13:36 λεγει αυτω σιμων πετρος κυριε που υπαγεις απεκριθη ιησους οπου υπαγω ου δυνασαι μοι νυν ακολουθησαι ακολουθησεις δε υστερον

Simon Peter says to him, "Lord, where are you going?"

Jesus answered, "Where I am going, you can't follow me now – yet you will follow later."

13:37 λεγει αυτω [ο] πετρος κυριε δια τι ου δυναμαι σοι ακολουθειν αρτι την ψυχην μου υπερ σου θησω

Peter says to him, "Lord, why can't I follow you now? I will give my soul for your sake."

13:38 αποκρινεται ιησους την ψυχην σου υπερ εμου θησεις αμην αμην λεγω σοι ου μη αλεκτωρ φωνηση εως ου αρνηση με τρις

Jesus answers, "Will you give your soul for my sake? Amen, amen, I say to you, the rooster will not crow until you deny me three *times*."

Many Lodgings

14:1 μη ταρασσεσθω υμων η καρδια πιστευετε εις τον θεον και εις εμε πιστευετε

"Don't let your heart be troubled. You believe in God. Believe in me too.

14:2 εν τη οικια του πατρος μου μοναι πολλαι εισιν ει δε μη ειπον αν υμιν οτι πορευομαι ετοιμασαι τοπον υμιν

"Many rooms are in the house of my Father. If not, I wouldn't have told you that I go to prepare *a* place for you;

14:3 και εαν πορευθω και ετοιμασω τοπον υμιν παλιν ερχομαι και παραλημψομαι υμας προς εμαυτον ινα οπου ειμι εγω και υμεις ητε

"and if I go and prepare a place for you, I come again and will receive you to myself, that where I am you may be too.

14:4 και οπου εγω υπαγω οιδατε την οδον

"You know the road to where I am going.

I Am the Way
14:5 λεγει αυτω θωμας κυριε ουκ οιδαμεν που υπαγεις πως οιδαμεν την οδον

Thomas says to Him, "Lord, we don't know where you are going. How can we know the road?"

14:6 λεγει αυτω ιησους εγω ειμι η οδος και η αληθεια και η ζωη ουδεις ερχεται προς τον πατερα ει μη δι εμου

Jesus says to him, "I am the road, and the truth, and the life. No one comes to the Father except through me.

14:7 ει εγνωκειτε με και τον πατερα μου αν ηδειτε απ αρτι γινωσκετε αυτον και εωρακατε

"If you have known me, you would have known my Father too. From now on you know Him and have seen.

Show Us the Father

14:8 λεγει αυτω φιλιππος κυριε δειξον ημιν τον πατερα και αρκει ημιν

Philip says to Him, "Lord, show us the Father and it is enough for us!"

14:9 λεγει αυτω [ο] ιησους τοσουτον χρονον μεθ υμων ειμι και ουκ εγνωκας με φιλιππε ο εωρακως εμε εωρακεν τον πατερα πως συ λεγεις δειξον ημιν τον πατερα

Jesus says to him, "Am I with you so great *a* time and you haven't known me, Philip? The *one* having seen me has seen the Father. How do you say, 'Show us the Father'?

14:10 ου πιστευεις οτι εγω εν τω πατρι και ο πατηρ εν εμοι εστιν τα ρηματα α εγω λεγω υμιν απ εμαυτου ου λαλω ο δε πατηρ εν εμοι μενων ποιει τα εργα αυτου

"Don't you believe that I *am* in the Father, and the Father is in me? The words which I say to you I don't say of myself, yet the Father abiding in me works His works.

14:11 πιστευετε μοι οτι εγω εν τω πατρι και ο πατηρ εν εμοι ει δε μη δια τα εργα αυτα πιστευετε

"Believe me that I *am* in the Father and the Father in me. Yet if not, believe for the sake of the works themselves.

14:12 αμην αμην λεγω υμιν ο πιστευων εις εμε τα εργα α εγω ποιω κακεινος ποιησει και μειζονα τουτων ποιησει οτι εγω προς τον πατερα πορευομαι

"Amen, amen, I say to you, the *one* believing in me, that *one* too will do the works which I do, and he will do greater than these because I go to my Father.

14:13 και ο τι αν αιτησητε εν τω ονοματι μου τουτο ποιησω ινα δοξασθη ο πατηρ εν τω υιω

"Whoever of you asks anything in my name, I will do this, that the Father may be glorified in the Son.

14:14 εαν τι αιτησητε [με] εν τω ονοματι μου τουτο ποιησω

"If you ask [me] anything in my name, I will do this.

Another Advocate
14:15 εαν αγαπατε με τας εντολας τας εμας τηρησετε

"If you love me, keep my commandments,

14:16 καγω ερωτησω τον πατερα και αλλον παρακλητον δωσει υμιν ινα η μεθ υμων εις τον αιωνα

"and I will ask the Father, and He will give you another Advocate, that it may be with you to eternity –

14:17 το πνευμα της αληθειας ο ο κοσμος ου δυναται λαβειν οτι ου θεωρει αυτο ουδε γινωσκει υμεις γινωσκετε αυτο οτι παρ υμιν μενει και εν υμιν εστιν

"the Spirit of truth whom the world cannot receive, because it neither sees nor knows it. You know it, because it stays near you and is among you.

14:18 ουκ αφησω υμας ορφανους ερχομαι προς υμας

"I will not leave you orphans. I come to you.

14:19 ετι μικρον και ο κοσμος με ουκετι θεωρει υμεις δε θεωρειτε με οτι εγω ζω και υμεις ζησετε

"Yet *a* little while and the world no longer sees me, yet you see me. Because I live, you will live too.

14:20 εν εκεινη τη ημερα υμεις γνωσεσθε οτι εγω εν τω πατρι μου και υμεις εν εμοι καγω εν υμιν

"You will know in that hour that I *am* in my Father, and you in me, and I in you.

14:21 ο εχων τας εντολας μου και τηρων αυτας εκεινος εστιν ο αγαπων με ο δε αγαπων με αγαπηθησεται υπο του πατρος μου καγω αγαπησω αυτον και εμφανισω αυτω εμαυτον

"The *one* holding my commandments and keeping them, that is the *one* loving me. Yet the *one* loving me will be loved by my Father, and I will love him and reveal myself to him."

How Will This Happen?
14:22 λεγει αυτω ιουδας ουχ ο ισκαριωτης κυριε τι γεγονεν οτι ημιν μελλεις εμφανιζειν σεαυτον και ουχι τω κοσμω

Judas says to Him (not Iscariot), "Lord, what has happened that you are about to reveal yourself to us and not to the world?"

14:23 απεκριθη ιησους και ειπεν αυτω εαν τις αγαπα με τον λογον μου τηρησει και ο πατηρ μου αγαπησει αυτον και προς αυτον ελευσομεθα και μονην παρ αυτω ποιησομεθα

Jesus answered and said to him, "If someone loves me, he will keep my word, and my Father will love him. We will come near him, and will make *a* dwelling near him.

14:24 ο μη αγαπων με τους λογους μου ου τηρει και ο λογος ον ακουετε ουκ εστιν εμος αλλα του πεμψαντος με πατρος

"The *one* not loving me doesn't keep my words, and the word which you hear isn't mine, but of the Father having sent me.

14:25 ταυτα λελαληκα υμιν παρ υμιν μενων

"I have spoken these *words* to you, remaining near you.

14:26 ο δε παρακλητος το πνευμα το αγιον ο πεμψει ο πατηρ εν τω ονοματι μου εκεινος υμας διδαξει παντα και υπομνησει υμας παντα α ειπον υμιν εγω

"Yet the Advocate, the Holy Spirit whom the Father will send in my name, that *Advocate* will teach you all, and will remind you of all that I've said to you.

I Leave Peace with You

14:27 ειρηνην αφιημι υμιν ειρηνην την εμην διδωμι υμιν ου καθως ο κοσμος διδωσιν εγω διδωμι υμιν μη ταρασσεσθω υμων η καρδια μηδε δειλιατω

"I leave you peace. I give you my peace. I don't give to you as the world gives. Don't let your heart be troubled or afraid.

14:28 ηκουσατε οτι εγω ειπον υμιν υπαγω και ερχομαι προς υμας ει ηγαπατε με εχαρητε αν οτι πορευομαι προς τον πατερα οτι ο πατηρ μειζων μου εστιν

"You've heard that I said to you, 'I go, and I come to you.' If you loved me, you would have rejoiced, because I go to the Father and the Father is greater than me;

14:29 και νυν ειρηκα υμιν πριν γενεσθαι ινα οταν γενηται πιστευσητε

"and now I've told you before it happens, that when it happens you may believe.

This World's Prince
14:30 ουκετι πολλα λαλησω μεθ υμων ερχεται γαρ ο του κοσμου αρχων και εν εμοι ουκ εχει ουδεν

"I will no longer speak much with you, for the ruler of this world comes, and he has nothing in me –

14:31 αλλ ινα γνω ο κοσμος οτι αγαπω τον πατερα και καθως εντολην εδωκεν μοι ο πατηρ ουτως ποιω εγειρεσθε αγωμεν εντευθεν

"but that the world may know that I love the Father, and just as the Father has given me *a* commandment, so I do. Get up! Let's go from here."

The True Vine
15:1 εγω ειμι η αμπελος η αληθινη και ο πατηρ μου ο γεωργος εστιν

"I am the true vine, and my Father is the vine-dresser.

15:2 παν κλημα εν εμοι μη φερον καρπον αιρει αυτο και παν το καρπον φερον καθαιρει αυτο ινα καρπον πλειονα φερη

"Every branch in me not bearing fruit, He takes it away; and every *branch* bearing fruit, He prunes it that it may bear more fruit.

15:3 ηδη υμεις καθαροι εστε δια τον λογον ον λελαληκα υμιν

"You are already clean through the word that I've spoken to you.

15:4 μεινατε εν εμοι καγω εν υμιν καθως το κλημα ου δυναται καρπον φερειν αφ εαυτου εαν μη μενη εν τη αμπελω ουτως ουδε υμεις εαν μη εν εμοι μενητε

"Remain in me and I in you. Even as the branch cannot bear fruit of itself unless it remains in the vine, so you can't either unless you remain in me.

15:5 εγω ειμι η αμπελος υμεις τα κληματα ο μενων εν εμοι καγω εν αυτω ουτος φερει καρπον πολυν οτι χωρις εμου ου δυνασθε ποιειν ουδεν

"I am the vine. You are the branches. The *one* remaining in me and I in him, this *one* will bear much fruit – because without me you can do nothing.

15:6 εαν μη τις μενη εν εμοι εβληθη εξω ως το κλημα και εξηρανθη και συναγουσιν αυτα και εις το πυρ βαλλουσιν και καιεται

"If someone won't remain in me, he was cast out like *a* branch, and dries up; and they gather them, and throw *them* into the fire, and it is lit.

Remain in My Words

15:7 εαν μεινητε εν εμοι και τα ρηματα μου εν υμιν μεινη ο εαν θελητε αιτησασθε και γενησεται υμιν

"If you remain in me and my words remain in you, ask whatever you will and it will happen for you.

15:8 εν τουτω εδοξασθη ο πατηρ μου ινα καρπον πολυν φερητε και γενησθε εμοι μαθηται

"My Father is glorified in this: that you bear much fruit, and you become my disciples.

15:9 καθως ηγαπησεν με ο πατηρ καγω υμας ηγαπησα μεινατε εν τη αγαπη τη εμη

"Even as the Father has loved me, I also have loved you. Remain in my love.

15:10 εαν τας εντολας μου τηρησητε μενειτε εν τη αγαπη μου καθως εγω του πατρος τας εντολας τετηρηκα και μενω αυτου εν τη αγαπη

"If you keep my commandments, you remain in my love, even as I have kept the Father's commandments and I remain in His love.

15:11 ταυτα λελαληκα υμιν ινα η χαρα η εμη εν υμιν η και η χαρα υμων πληρωθη

"I've spoken these *words* to you that my joy *may be* in you and your joy be complete.

Greater Love
15:12 αυτη εστιν η εντολη η εμη ινα αγαπατε αλληλους καθως ηγαπησα υμας

"This is my commandment: that you love each other, even as I have loved you.

15:13 μειζονα ταυτης αγαπην ουδεις εχει ινα τις την ψυχην αυτου θη υπερ των φιλων αυτου

"No one has greater love than this: that someone lay down his soul for his friends.

15:14 υμεις φιλοι μου εστε εαν ποιητε ο εγω εντελλομαι υμιν

"You are my friends if you do what I have commanded you.

15:15 ουκετι λεγω υμας δουλους οτι ο δουλος ουκ οιδεν τι ποιει αυτου ο κυριος υμας δε ειρηκα φιλους οτι παντα α ηκουσα παρα του πατρος μου εγνωρισα υμιν

"I no longer call you slaves, for the slave doesn't know what his master does. Yet I've called you friends, because what I've heard from the Father I've made known to you.

15:16 ουχ υμεις με εξελεξασθε αλλ εγω εξελεξαμην υμας και εθηκα υμας ινα υμεις υπαγητε και καρπον φερητε και ο καρπος υμων μενη ινα ο τι αν αιτησητε τον πατερα εν τω ονοματι μου δω υμιν

"You didn't choose me, but I chose you, and I've placed you that you go and bear fruit, and your fruit remain – that whatever you ask the Father in my name He may give you.

15:17 ταυτα εντελλομαι υμιν ινα αγαπατε αλληλους

"I command you these: that you love one another.

Why They Hate You

15:18 ει ο κοσμος υμας μισει γινωσκετε οτι εμε πρωτον υμων μεμισηκεν

"If the world hates you, know that it hated me before you.

15:19 ει εκ του κοσμου ητε ο κοσμος αν το ιδιον εφιλει οτι δε εκ του κοσμου ουκ εστε αλλ εγω εξελεξαμην υμας εκ του κοσμου δια τουτο μισει υμας ο κοσμος

"If you were of the world, the world would love its own. Yet because you aren't of the world but I chose you out of the world, for this *reason* the world hates you.

15:20 μνημονευετε του λογου ου εγω ειπον υμιν ουκ εστιν δουλος μειζων του κυριου αυτου ει εμε εδιωξαν και υμας διωξουσιν ει τον λογον μου ετηρησαν και τον υμετερον τηρησουσιν

"Remember the word which I said to you. 'The slave isn't greater than his master.' If they've persecuted me, they will persecute you too. If they've kept my word, they will keep yours also.

15:21 αλλα ταυτα παντα ποιησουσιν εις υμας δια το ονομα μου οτι ουκ οιδασιν τον πεμψαντα με

"But they will do all these *things* to you for my name's sake, because they haven't known the *One* having sent me.

15:22 ει μη ηλθον και ελαλησα αυτοις αμαρτιαν ουκ ειχοσαν νυν δε προφασιν ουκ εχουσιν περι της αμαρτιας αυτων

"If I hadn't come and spoken to them, they would not have had sin. Yet now they have no excuse about their sins.

Who Hates Me

15:23 ο εμε μισων και τον πατερα μου μισει

"The *one* hating me hates my Father too.

15:24 ει τα εργα μη εποιησα εν αυτοις α ουδεις αλλος εποιησεν αμαρτιαν ουκ ειχοσαν νυν δε και εωρακασιν και μεμισηκασιν και εμε και τον πατερα μου

"If I hadn't done the works among them that no else did, they would have had no sin. Yet now they have seen and hated both me and my Father –

15:25 αλλ ινα πληρωθη ο λογος ο εν τω νομω αυτων γεγραμμενος οτι εμισησαν με δωρεαν

"but that the word in their law be fulfilled, written that,

'They hated me freely.'[31]

When the Advocate Comes

15:26 οταν ελθη ο παρακλητος ον εγω πεμψω υμιν παρα του πατρος το πνευμα της αληθειας ο παρα του πατρος εκπορευεται εκεινος μαρτυρησει περι εμου

"When the Advocate comes whom I will send you from the Father, the Spirit of truth who comes out from the Father, that *Advocate* will testify about me.

---

[31] Compare to Psalm 35:19, 69:4.

15:27 και υμεις δε μαρτυρειτε οτι απ αρχης μετ εμου εστε

"Yet you testify too that you are with me from the beginning."

Jesus Foretells Persecution

16:1 ταυτα λελαληκα υμιν ινα μη σκανδαλισθητε

"I've said all these *things* to you that you not be scandalized.

16:2 αποσυναγωγους ποιησουσιν υμας αλλ ερχεται ωρα ινα πας ο αποκτεινας [υμας] δοξη λατρειαν προσφερειν τω θεω

"They will throw you out of the synagogues. *An* hour comes that everyone killing you will think to offer service to God;

16:3 και ταυτα ποιησουσιν οτι ουκ εγνωσαν τον πατερα ουδε εμε

"and they will do these *things* because they have known neither the Father nor me.

16:4 αλλα ταυτα λελαληκα υμιν ινα οταν ελθη η ωρα αυτων μνημονευητε αυτων οτι εγω ειπον υμιν ταυτα δε υμιν εξ αρχης ουκ ειπον οτι μεθ υμων ημην

"But I've spoken these *words* to you that when their hour comes you will remember them, that I spoke to you. Yet I haven't spoken these to you from the beginning, because I was with you.

16:5 νυν δε υπαγω προς τον πεμψαντα με και ουδεις εξ υμων ερωτα με που υπαγεις

"Now I go to the *One* having sent me, and none of you asks me,

'Where are you going?'

16:6 αλλ οτι ταυτα λελαληκα υμιν η λυπη πεπληρωκεν υμων την καρδιαν

"But because I've said these to you, grief has filled your heart.

The Advocate Will Come

16:7 αλλ εγω την αληθειαν λεγω υμιν συμφερει υμιν ινα εγω απελθω εαν γαρ μη απελθω ο παρακλητος ου μη ελθη προς υμας εαν δε πορευθω πεμψω αυτον προς υμας

"But I tell you the truth. It is better for you that I go, for if I don't go away, the Advocate will not come to you. Yet if I go, I will send Him to you;

16:8 και ελθων εκεινος ελεγξει τον κοσμον περι αμαρτιας και περι δικαιοσυνης και περι κρισεως

"and coming, He will convict the world concerning sin and concerning righteousness and concerning judgment:

16:9 περι αμαρτιας μεν οτι ου πιστευουσιν εις εμε

"concerning sin, indeed, because they don't believe in me;

16:10 περι δικαιοσυνης δε οτι προς τον πατερα υπαγω και ουκετι θεωρειτε με

"concerning righteousness, because I go to the Father, and you no longer see me;

16:11 περι δε κρισεως οτι ο αρχων του κοσμου τουτου κεκριται

"yet concerning judgment, because the ruler of this world has been judged.

Still Much to Say

16:12 ετι πολλα εχω υμιν λεγειν αλλ ου δυνασθε βασταζειν αρτι

"I still have much to say to you, but you can't bear *it* now.

16:13 οταν δε ελθη εκεινος το πνευμα της αληθειας οδηγησει υμας εις την αληθειαν πασαν ου γαρ λαλησει αφ εαυτου αλλ οσα ακουει λαλησει και τα ερχομενα αναγγελει υμιν

"Yet when that Spirit of truth comes, He will guide you in all truth, for He won't speak from Himself. But as much as He hears, He will speak, and will tell you the coming *events*.

16:14 εκεινος εμε δοξασει οτι εκ του εμου λημψεται και αναγγελει υμιν

"That *Spirit* will glorify me, because He will take from mine, and He will tell *it* to you.

16:15 παντα οσα εχει ο πατηρ εμα εστιν δια τουτο ειπον οτι εκ του εμου λαμβανει και αναγγελει υμιν

"All, as much as the Father has, is mine. For this *reason* I said that He takes from mine and will tell it to you.

Going and Coming

16:16 μικρον και ουκετι θεωρειτε με και παλιν μικρον και οψεσθε με

"*A* little *while* and you no longer see me, and again *a* little *while*, and you will see me."

16:17 ειπαν ουν εκ των μαθητων αυτου προς αλληλους τι εστιν τουτο ο λεγει ημιν μικρον και ου θεωρειτε με και παλιν μικρον και οψεσθε με και οτι υπαγω προς τον πατερα

Some of his disciples said to each other, "What is this that He says to us: '*A* little *while* and you don't see me, and again *a* little *while* and you will see me', and that, 'I go to the Father.'?"

16:18 ελεγον ουν τι εστιν τουτο ο λεγει μικρον ουκ οιδαμεν [τι λαλει]

They began saying, "What is this '*a* little *while*' that He says? We don't know [what he is saying]."

16:19 εγνω ιησους οτι ηθελον αυτον ερωταν και ειπεν αυτοις περι τουτου ζητειτε μετ αλληλων οτι ειπον μικρον και ου θεωρειτε με και παλιν μικρον και οψεσθε με

Jesus knew that they wanted to ask Him, and He said to them, "Do you seek among yourselves about this, that I said, '*A* little *while* and you don't see me, and again *a* little *while* and you will see me'?

Sadness to Joy
16:20 αμην αμην λεγω υμιν οτι κλαυσετε και θρηνησετε υμεις ο δε κοσμος χαρησεται υμεις λυπηθησεσθε αλλ η λυπη υμων εις χαραν γενησεται

"Amen, amen, I say to you that you will weep and mourn, yet the world will rejoice. You will be grieved, but your grief will be turned into joy.

16:21 η γυνη οταν τικτη λυπην εχει οτι ηλθεν η ωρα αυτης οταν δε γεννηση το παιδιον ουκετι μνημονευει της θλιψεως δια την χαραν οτι εγεννηθη ανθρωπος εις τον κοσμον

"When the woman gives birth, she has grief because her hour has come. Yet when she births the child she no longer remembers the pressure, through the joy that *a* man has been born into the world.

16:22 και υμεις ουν νυν μεν λυπην εχετε παλιν δε οψομαι υμας και χαρησεται υμων η καρδια και την χαραν υμων ουδεις αρει αφ υμων

"You indeed have grief now, yet I will see you again, and your heart will be joyful, and no one takes your joy from you.

Ask in My Name
16:23 και εν εκεινη τη ημερα εμε ουκ ερωτησετε ουδεν αμην αμην λεγω υμιν αν τι αιτησητε τον πατερα δωσει υμιν εν τω ονοματι μου

"In that hour you will ask me nothing. Amen, amen, I say to you, whatever you ask the Father He will give you in my name.

16:24 εως αρτι ουκ ητησατε ουδεν εν τω ονοματι μου αιτειτε και λημψεσθε ινα η χαρα υμων η πεπληρωμενη

"Until now you haven't asked anything in my name. Ask, and you will receive, that your joy may be fulfilled.

16:25 ταυτα εν παροιμιαις λελαληκα υμιν ερχεται ωρα οτε ουκετι εν παροιμιαις λαλησω υμιν αλλα παρρησια περι του πατρος απαγγελω υμιν

"I've spoken these to you in figures of speech. *An* hour comes when I will no longer speak in figures of speech, but I will tell you openly about the Father.

16:26 εν εκεινη τη ημερα εν τω ονοματι μου αιτησεσθε και ου λεγω υμιν οτι εγω ερωτησω τον πατερα περι υμων

"In that day you will ask in my name, and I don't say to you that I will ask the Father concerning you,

16:27 αυτος γαρ ο πατηρ φιλει υμας οτι υμεις εμε πεφιληκατε και πεπιστευκατε οτι εγω παρα του πατρος εξηλθον

"for the Father Himself loves you, because you have loved me and have believed that I came out from the Father.

16:28 εξηλθον εκ του πατρος και εληλυθα εις τον κοσμον παλιν αφιημι τον κοσμον και πορευομαι προς τον πατερα

"I have come out from the Father, and have come into the world. Again, I will leave the world and go to the Father."

The Disciples Claim to Believe
16:29 λεγουσιν οι μαθηται αυτου ιδε νυν εν παρρησια λαλεις και παροιμιαν ουδεμιαν λεγεις

His disciples say, "Look! Now you are speaking openly, and don't speak at all in *a* figure of speech.

16:30 νυν οιδαμεν οτι οιδας παντα και ου χρειαν εχεις ινα τις σε ερωτα εν τουτω πιστευομεν οτι απο θεου εξηλθες

"Now we know that you know all, and you have no need that someone ask you. In this we believe that you came out from God."

16:31 απεκριθη αυτοις ιησους αρτι πιστευετε

Jesus answered them, "Do you believe now?

16:32 ιδου ερχεται ωρα και εληλυθεν ινα σκορπισθητε εκαστος εις τα ιδια καμε μονον αφητε και ουκ ειμι μονος οτι ο πατηρ μετ εμου εστιν

"Look! *An* hour comes and has come that you will be scattered, each to his own, and you will leave me alone – and I am not alone, because the Father is with me.

16:33 ταυτα λελαληκα υμιν ινα εν εμοι ειρηνην εχητε εν τω κοσμω θλιψιν εχετε αλλα θαρσειτε εγω νενικηκα τον κοσμον

"I've spoken these *words* to you that you may have peace in me. You will have trouble in the world, but be courageous. I have conquered the world."

What Is Eternal Life?

17:1 ταυτα ελαλησεν ιησους και επαρας τους οφθαλμους αυτου εις τον ουρανον ειπεν πατερ εληλυθεν η ωρα δοξασον σου τον υιον ινα ο υιος δοξαση σε

Jesus said these *things* and, having lifted up His eyes to the sky, said, "Father, the hour has come. Glorify Your Son, that the Son may glorify You,

17:2 καθως εδωκας αυτω εξουσιαν πασης σαρκος ινα παν ο δεδωκας αυτω δωσει αυτοις ζωην αιωνιον

"even as You've given Him authority over all flesh – that

everyone You've given Him, He will give them eternal life!"

17:3 αυτη δε εστιν η αιωνιος ζωη ινα γινωσκωσιν σε τον μονον αληθινον θεον και ον απεστειλας ιησουν χριστον

(Yet this is eternal life: that they know You, the only true God, and Jesus Christ, whom You sent.)

Glorify Me

17:4 εγω σε εδοξασα επι της γης το εργον τελειωσας ο δεδωκας μοι ινα ποιησω

"I have glorified You on the earth, having completed the work which You've given me that I do;

17:5 και νυν δοξασον με συ πατερ παρα σεαυτω τη δοξη η ειχον προ του τον κοσμον ειναι παρα σοι

"and now, glorify me, Father, from Yourself, by the glory which I had from You before the world came to be!

17:6 εφανερωσα σου το ονομα τοις ανθρωποις ους εδωκας μοι εκ του κοσμου σοι ησαν καμοι αυτους εδωκας και τον λογον σου τετηρηκαν

"I have made Your name known to the men whom You've given me from the world. They were Yours, and You've given them to me, and they've kept Your word.

17:7 νυν εγνωκαν οτι παντα οσα εδωκας μοι παρα σου εισιν

"Now they've known that all, as much as You've given me, are from You,

17:8 οτι τα ρηματα α εδωκας μοι δεδωκα αυτοις και αυτοι ελαβον και εγνωσαν αληθως οτι παρα σου εξηλθον και επιστευσαν οτι συ με απεστειλας

"because the words which You've given me, I've given to them; and they have received and known truly that I came out from You, and they believed that You sent me.

I Pray for Them

17:9 εγω περι αυτων ερωτω ου περι του κοσμου ερωτω αλλα περι ων δεδωκας μοι οτι σοι εισιν

"I ask concerning them. I don't ask concerning the world, but concerning those whom You've given me, because they are Yours.

17:10 και τα εμα παντα σα εστιν και τα σα εμα και δεδοξασμαι εν αυτοις

"All mine is Yours, and Yours mine, and I have been glorified in them.

May They Be One

17:11 και ουκετι ειμι εν τω κοσμω και αυτοι εν τω κοσμω εισιν καγω προς σε ερχομαι πατερ αγιε τηρησον αυτους εν τω ονοματι σου ω δεδωκας μοι ινα ωσιν εν καθως ημεις

"I am no longer in the world, and they are in the world, and I am coming to You. Holy Father, keep them in Your name which You've given me, that they may be one even as we.

17:12 οτε ημην μετ αυτων εγω ετηρουν αυτους εν τω ονοματι σου ω δεδωκας μοι και εφυλαξα και ουδεις εξ αυτων απωλετο ει μη ο υιος της απωλειας ινα η γραφη πληρωθη

"When I was with them, I kept them in Your name which You've given me, and I defended, and no one among them perished except the son of destruction, that the scripture may be fulfilled.

17:13 νυν δε προς σε ερχομαι και ταυτα λαλω εν τω κοσμω ινα εχωσιν την χαραν την εμην πεπληρωμενην εν εαυτοις

"Yet now, I am coming to You, and I speak these *words* in the world that they may have my grace fulfilled among them.

I've Given Them Your Word
17:14 εγω δεδωκα αυτοις τον λογον σου και ο κοσμος εμισησεν αυτους οτι ουκ εισιν εκ του κοσμου καθως εγω ουκ ειμι εκ του κοσμου

"I have given them Your word, and the world hated them because they aren't of the world, even as I am not of the world.

17:15 ουκ ερωτω ινα αρης αυτους εκ του κοσμου αλλ ινα τηρησης αυτους εκ του πονηρου

"I don't ask that You take them from the world, but that You keep them from the evil *one*.

17:16 εκ του κοσμου ουκ εισιν καθως εγω ουκ ειμι εκ του κοσμου

"They are not of the world, even as I am not of the world.

Make Them Holy
17:17 αγιασον αυτους εν τη αληθεια ο λογος ο σος αληθεια εστιν

"Make them holy in the truth. Your word is truth.

17:18 καθως εμε απεστειλας εις τον κοσμον καγω απεστειλα αυτους εις τον κοσμον

"Even as You sent me into the world, I also send them into the world,

17:19 και υπερ αυτων [εγω] αγιαζω εμαυτον ινα ωσιν και αυτοι ηγιασμενοι εν αληθεια

"and for their sake I will make myself holy, that they may be holy in truth.

Those Who Will Believe

17:20 ου περι τουτων δε ερωτω μονον αλλα και περι των πιστευοντων δια του λογου αυτων εις εμε

"Yet I don't ask concerning these alone, but also concerning those believing in me through their word,

17:21 ινα παντες εν ωσιν καθως συ πατηρ εν εμοι καγω εν σοι ινα και αυτοι εν ημιν ωσιν ινα ο κοσμος πιστευη οτι συ με απεστειλας

"that all may be one, even as You, Father, *are* in me, and I in You – that they may be one in us, that the world may believe that You sent me.

17:22 καγω την δοξαν ην δεδωκας μοι δεδωκα αυτοις ινα ωσιν εν καθως ημεις εν

"I have given them the glory which You've given me, that they may be one even as we *are* one:

17:23 εγω εν αυτοις και συ εν εμοι ινα ωσιν τετελειωμενοι εις εν

ινα γινωσκη ο κοσμος οτι συ με απεστειλας και ηγαπησας
αυτους καθως εμε ηγαπησας

"I in them and You in me, that they may be completed in one,
that the world may know that You sent me, and You've loved
them even as You've loved me.

Let Them Be With Me

17:24 πατηρ ο δεδωκας μοι θελω ινα οπου ειμι εγω κακεινοι
ωσιν μετ εμου ινα θεωρωσιν την δοξαν την εμην ην δεδωκας μοι
οτι ηγαπησας με προ καταβολης κοσμου

"Father, I will that what You've given me, they may be with me
where I am, that they may see my glory which You've given me
– that You've loved me before the world's creation.

17:25 πατηρ δικαιε και ο κοσμος σε ουκ εγνω εγω δε σε εγνων
και ουτοι εγνωσαν οτι συ με απεστειλας

"Righteous Father, the world also hasn't known You, yet I've
known You, and these have known that You sent me;

17:26 και εγνωρισα αυτοις το ονομα σου και γνωρισω ινα η
αγαπη ην ηγαπησας με εν αυτοις η καγω εν αυτοις

"and I have made Your name known to them, and I make known
the love which You've loved me in them, and I *am* in them."

To the Garden

18:1 ταυτα ειπων ιησους εξηλθεν συν τοις μαθηταις αυτου περαν του χειμαρρου των κεδρων οπου ην κηπος εις ον εισηλθεν αυτος και οι μαθηται αυτου

Saying these, Jesus went out with His disciples across the valley of Kedron[32] where *a* garden was, into which He and his disciples entered.

18:2 ηδει δε και ιουδας ο παραδιδους αυτον τον τοπον οτι πολλακις συνηχθη ιησους εκει μετα των μαθητων αυτου

Yet Judas the betrayer knew the place too, because Jesus gathered there often with His disciples.

18:3 ο ουν ιουδας λαβων την σπειραν και εκ των αρχιερεων και [εκ] των φαρισαιων υπηρετας ερχεται εκει μετα φανων και λαμπαδων και οπλων

Then Judas, taking the cohort and keepers from the chief priests and [from] the Pharisees, comes there with torches and lamps and weapons.

Who Are You Looking For?

18:4 ιησους ουν ειδως παντα τα ερχομενα επ αυτον εξηλθεν και λεγει αυτοις τινα ζητειτε

Then Jesus, knowing all the *things* coming on him, went out, and He says to them, "Who are you looking for?"

---

[32] AV: "Cidron" (here only; elsewhere "Kidron"). This brook runs by the old city of Jerusalem.

18:5 απεκριθησαν αυτω ιησουν τον ναζωραιον λεγει αυτοις εγω ειμι ειστηκει δε και ιουδας ο παραδιδους αυτον μετ αυτων

They answered him, "Jesus of Nazareth."

He says to them, "I am."

Judas, the one betraying Him, had stood with them.

18:6 ως ουν ειπεν αυτοις εγω ειμι απηλθον εις τα οπισω και επεσαν χαμαι

As He said to them, "I am," they fled to the back and fell to the ground.

18:7 παλιν ουν επηρωτησεν αυτους τινα ζητειτε οι δε ειπαν ιησουν τον ναζωραιον

Then He questioned them again, "Who are you looking for?"

They said, "Jesus of Nazareth."

18:8 απεκριθη ιησους ειπον υμιν οτι εγω ειμι ει ουν εμε ζητειτε αφετε τουτους υπαγειν

Jesus answered, "I told you that I am. If you're looking for me, let these go" –

18:9 ινα πληρωθη ο λογος ον ειπεν οτι ους δεδωκας μοι ουκ απωλεσα εξ αυτων ουδενα

that the word which he spoke might be fulfilled, that, "I didn't lose any of those You've given me."

Peter Wounds Malchus

18:10 σιμων ουν πετρος εχων μαχαιραν ειλκυσεν αυτην και επαισεν τον του αρχιερεως δουλον και απεκοψεν αυτου το ωταριον το δεξιον ην δε ονομα τω δουλω μαλχος

Simon Peter, having *a* sword, drew her, and struck the slave of the high priest, and cut off his right ear. The name to the slave *was* Malchus.[33]

18:11 ειπεν ουν ο ιησους τω πετρω βαλε την μαχαιραν εις την θηκην το ποτηριον ο δεδωκεν μοι ο πατηρ ου μη πιω αυτο

Jesus said to Peter, "Put the sword into the scabbard. The cup which the Father has given me, will I not drink it?"

Jesus Seized and Bound

18:12 η ουν σπειρα και ο χιλιαρχος και οι υπηρεται των ιουδαιων συνελαβον τον ιησουν και εδησαν αυτον

Then the cohort and the commander and the keepers of the Jews took Jesus and bound Him;

18:13 και ηγαγον προς ανναν πρωτον ην γαρ πενθερος του καιαφα ος ην αρχιερευς του ενιαυτου εκεινου

and they led Him first to Annas,[34] for he was father-in-law to Caiaphas, who was high priest that year.

18:14 ην δε καιαφας ο συμβουλευσας τοις ιουδαιοις οτι

---

[33] Malchus, Μάλχος in Greek, means "king" or "kingdom."

[34] Annas, Ἅννας in Greek, means "humble."

συμφερει ενα ανθρωπον αποθανειν υπερ του λαου

Caiaphas was the *one* counseling the Jews that it is better one man die for the people.

Peter and Another Follow Jesus

18:15 ηκολουθει δε τω ιησου σιμων πετρος και αλλος μαθητης ο δε μαθητης εκεινος ην γνωστος τω αρχιερει και συνεισηλθεν τω ιησου εις την αυλην του αρχιερεως

Yet Simon Peter and another disciple followed Jesus. That disciple was known to the high priest, and they went in with Jesus to the courtyard of the high priest.

18:16 ο δε πετρος ειστηκει προς τη θυρα εξω εξηλθεν ουν ο μαθητης ο αλλος ο γνωστος του αρχιερεως και ειπεν τη θυρωρω και εισηγαγεν τον πετρον

Peter had stood near the door outside. Then the other disciple, the *one* known to the high priest, went out and spoke to the doorkeeper, and he led Peter inside.

18:17 λεγει ουν τω πετρω η παιδισκη η θυρωρος μη και συ εκ των μαθητων ει του ανθρωπου τουτου λεγει εκεινος ουκ ειμι

Then the slave-girl of the doorkeeper says to Peter, "Aren't you one of that man's disciples too?"

He says, "I am not."

18:18 ειστηκεισαν δε οι δουλοι και οι υπηρεται ανθρακιαν πεποιηκοτες οτι ψυχος ην και εθερμαινοντο ην δε και ο πετρος μετ αυτων εστως και θερμαινομενος

The slaves and the keepers had stood making *a* charcoal fire, for it was cold and they were warming themselves. Peter was standing with them and warming himself.

Jesus Questioned by the High Priest

18:19 ο ουν αρχιερευς ηρωτησεν τον ιησουν περι των μαθητων αυτου και περι της διδαχης αυτου

Then the high priest asked Jesus about His disciples and about His teaching.

18:20 απεκριθη αυτω ιησους εγω παρρησια λελαληκα τω κοσμω εγω παντοτε εδιδαξα εν συναγωγη και εν τω ιερω οπου παντες οι ιουδαιοι συνερχονται και εν κρυπτω ελαλησα ουδεν

Jesus answered him, "I've spoken all openly to the world, teaching in synagogue and in the temple where all the Jews gather together, and I've said nothing in secret.

18:21 τι με ερωτας ερωτησον τους ακηκοοτας τι ελαλησα αυτοις ιδε ουτοι οιδασιν α ειπον εγω

"Why ask me? Question those having heard what I said to them. Look! These know what I said."

18:22 ταυτα δε αυτου ειποντος εις παρεστηκως των υπηρετων εδωκεν ραπισμα τω ιησου ειπων ουτως αποκρινη τω αρχιερει

While he *was* speaking these *words*, one of the keepers standing by slapped Jesus, saying, "Do you answer the high priest this way?"

18:23 απεκριθη αυτω ιησους ει κακως ελαλησα μαρτυρησον περι του κακου ει δε καλως τι με δερεις

Jesus answered him, "If I've spoken harmfully, testify about the harm. Yet if well, why do you hit me?"

18:24 απεστειλεν ουν αυτον ο αννας δεδεμενον προς καιαφαν τον αρχιερεα

Then Annas sent him bound to Caiaphas the high priest.

Peter Again Questioned

18:25 ην δε σιμων πετρος εστως και θερμαινομενος ειπον ουν αυτω μη και συ εκ των μαθητων αυτου ει ηρνησατο εκεινος και ειπεν ουκ ειμι

Yet Simon Peter was standing and warming himself. They said to him, "Aren't you one of his disciples too?"

He denied and said, "I am not."

18:26 λεγει εις εκ των δουλων του αρχιερεως συγγενης ων ου απεκοψεν πετρος το ωτιον ουκ εγω σε ειδον εν τω κηπω μετ αυτου

One of the slaves of the high priest, *a* relative of him whose ear Peter cut off, says, "Didn't I see you in the garden with him?"

18:27 παλιν ουν ηρνησατο πετρος και ευθεως αλεκτωρ εφωνησεν

Peter denied again, and at once the rooster crowed.

Jesus Sent to Pilate

18:28 αγουσιν ουν τον ιησουν απο του καιαφα εις το πραιτωριον ην δε πρωι και αυτοι ουκ εισηλθον εις το πραιτωριον ινα μη μιανθωσιν αλλα φαγωσιν το πασχα

Then they lead Jesus from Caiaphas to the palace. It was early morning, and they didn't go into the palace that they not be defiled, but could eat the Passover.

18:29 εξηλθεν ουν ο πιλατος εξω προς αυτους και φησιν τινα κατηγοριαν φερετε του ανθρωπου τουτου

Pilate went outside to them, and says to them, "What accusation do you bring against this man?"

18:30 απεκριθησαν και ειπαν αυτω ει μη ην ουτος κακον ποιων ουκ αν σοι παρεδωκαμεν αυτον

They answered and said to him, "If this man wasn't *a* harm-doer, we wouldn't have handed him over to you."

18:31 ειπεν ουν αυτοις πιλατος λαβετε αυτον υμεις και κατα τον νομον υμων κρινατε αυτον ειπον αυτω οι ιουδαιοι ημιν ουκ εξεστιν αποκτειναι ουδενα

Pilate said to them, "You take him and judge him according to your law."

The Jews said to him, "It isn't lawful for us to kill anyone" –

18:32 ινα ο λογος του ιησου πληρωθη ον ειπεν σημαινων ποιω θανατω ημελλεν αποθνησκειν

that the word of Jesus might be fulfilled which he spoke, signifying by what death he was about to die.

Are You the Jews' King?
18:33 εισηλθεν ουν παλιν εις το πραιτωριον ο πιλατος και εφωνησεν τον ιησουν και ειπεν αυτω συ ει ο βασιλευς των

ιουδαιων

Pilate again went into the palace, and called Jesus, and said to him, "Are you the king of the Jews?"

18:34 απεκριθη ιησους απο σεαυτου συ τουτο λεγεις η αλλοι ειπον σοι περι εμου

Jesus answered, "Do you say this of yourself, or did others speak to you about me?"

18:35 απεκριθη ο πιλατος μητι εγω ιουδαιος ειμι το εθνος το σον και οι αρχιερεις παρεδωκαν σε εμοι τι εποιησας

Pilate answered, "I'm not a Jew, am I? Your nation and the chief priests have handed you over to me. What have you done?"

18:36 απεκριθη ιησους η βασιλεια η εμη ουκ εστιν εκ του κοσμου τουτου ει εκ του κοσμου τουτου ην η βασιλεια η εμη οι υπηρεται οι εμοι ηγωνιζοντο αν ινα μη παραδοθω τοις ιουδαιοις νυν δε η βασιλεια η εμη ουκ εστιν εντευθεν

Jesus answered, "My kingdom is not of this world. If my kingdom was of this world, my keepers would have fought that I not be handed over to the Jews. Yet now my kingdom is not from here."

18:37 ειπεν ουν αυτω ο πιλατος ουκουν βασιλευς ει συ απεκριθη [ο] ιησους συ λεγεις οτι βασιλευς ειμι εγω εις τουτο γεγεννημαι και εις τουτο εληλυθα εις τον κοσμον ινα μαρτυρησω τη αληθεια πας ο ων εκ της αληθειας ακουει μου της φωνης

Pilate said to him, "Are you a king, then?"

Jesus answered, "You say that I am *a* king. I was born to this, and I came into the world to this: that I testify to the truth. Everyone being of the truth listens to my voice."

18:38 λεγει αυτω ο πιλατος τι εστιν αληθεια και τουτο ειπων παλιν εξηλθεν προς τους ιουδαιους και λεγει αυτοις εγω ουδεμιαν ευρισκω εν αυτω αιτιαν

Pilate says to him, "What is truth?"

Saying this, he went out to the Jews again, and he says to them, "I find no cause against him.

18:39 εστιν δε συνηθεια υμιν ινα ενα απολυσω υμιν [εν] τω πασχα βουλεσθε ουν απολυσω υμιν τον βασιλεα των ιουδαιων

"Yet it is *a* custom to you that I release one to you at the Passover. Do you want, then, that I release to you the king of the Jews?"

18:40 εκραυγασαν ουν παλιν λεγοντες μη τουτον αλλα τον βαραββαν ην δε ο βαραββας ληστης

They shouted, saying, "Not this *man*, but Barabbas!"

Barabbas was *a* bandit.

Jesus Tortured by the Romans

19:1 τοτε ουν ελαβεν ο πιλατος τον ιησουν και εμαστιγωσεν

Therefore, Pilate then took Jesus and beat *Him*;

19:2 και οι στρατιωται πλεξαντες στεφανον εξ ακανθων επεθηκαν αυτου τη κεφαλη και ιματιον πορφυρουν περιεβαλον αυτον

and the soldiers, weaving *a* crown from thorns, put it on His head and dressed Him in *a* purple robe.

19:3 και ηρχοντο προς αυτον και ελεγον χαιρε ο βασιλευς των ιουδαιων και εδιδοσαν αυτω ραπισματα

They were coming near Him and saying, "Hail, king of the Jews!" – and they began slapping him.

19:4 και εξηλθεν παλιν εξω ο πιλατος και λεγει αυτοις ιδε αγω υμιν αυτον εξω ινα γνωτε οτι ουδεμιαν αιτιαν ευρισκω εν αυτω

Pilate again went out, and he says to them, "Look! I lead Him out to you that you may know that I find no cause at all against him."

Look! The Man!
19:5 εξηλθεν ουν [ο] ιησους εξω φορων τον ακανθινον στεφανον και το πορφυρουν ιματιον και λεγει αυτοις ιδου ο ανθρωπος

Then Jesus went outside, wearing the crown of thorns and the purple robe, and *Pilate* says to them, "Look! The man."

19:6 οτε ουν ειδον αυτον οι αρχιερεις και οι υπηρεται εκραυγασαν λεγοντες σταυρωσον σταυρωσον λεγει αυτοις ο πιλατος λαβετε αυτον υμεις και σταυρωσατε εγω γαρ ουχ ευρισκω εν αυτω αιτιαν

When the chief priests and the keepers saw Him, they shouted, saying, "Crucify! Crucify!"

Pilate says to them, "You take Him and crucify, for I find no cause against Him."

19:7 απεκριθησαν αυτω οι ιουδαιοι ημεις νομον εχομεν και κατα τον νομον οφειλει αποθανειν οτι υιον θεου εαυτον εποιησεν

The Jews answered him, "We have *a* law, and according to the law He ought to die because He made Himself son of God."

Pilate Again Questions Jesus
19:8 οτε ουν ηκουσεν ο πιλατος τουτον τον λογον μαλλον εφοβηθη

When Pilate heard this word, then, he was more afraid,

19:9 και εισηλθεν εις το πραιτωριον παλιν και λεγει τω ιησου ποθεν ει συ ο δε ιησους αποκρισιν ουκ εδωκεν αυτω

and he went into the palace again, and he says to Jesus, "Where are you from?"

Yet Jesus did not give him *an* answer.

19:10 λεγει ουν αυτω ο πιλατος εμοι ου λαλεις ουκ οιδας οτι εξουσιαν εχω απολυσαι σε και εξουσιαν εχω σταυρωσαι σε

Pilate says to him, then, "Do you not speak to me? Don't you know that I have authority to free you, and I have authority to crucify you?"

19:11 απεκριθη αυτω ιησους ουκ ειχες εξουσιαν κατ εμου ουδεμιαν ει μη ην δεδομενον σοι ανωθεν δια τουτο ο παραδους με σοι μειζονα αμαρτιαν εχει

Jesus answered him, "You would have no authority at all over me except it was given you from above. For this *reason*, the *one* having handed me over to you has *a* greater sin."

Jesus Judged, Condemned

19:12 εκ τουτου ο πιλατος εζητει απολυσαι αυτον οι δε ιουδαιοι εκραυγασαν λεγοντες εαν τουτον απολυσης ουκ ει φιλος του καισαρος πας ο βασιλεα εαυτον ποιων αντιλεγει τω καισαρι

From this *moment*, Pilate began seeking to free him. Yet the Jews shouted, saying, "If you free this *man*, you aren't *a* friend of Caesar.[35] Everyone making himself *a* king speaks against Caesar."

19:13 ο ουν πιλατος ακουσας των λογων τουτων ηγαγεν εξω τον ιησουν και εκαθισεν επι βηματος εις τοπον λεγομενον λιθοστρωτον εβραιστι δε γαββαθα

Then Pilate, having heard these words, led Jesus outside, and sat on the judgment seat in the place called *the* stone pavement, in Hebrew Gabbatha.

19:14 ην δε παρασκευη του πασχα ωρα ην ως εκτη και λεγει τοις ιουδαιοις ιδε ο βασιλευς υμων

It was preparation day of the Passover. The hour was like the sixth, and he says to the Jews, "Look! Your king!"

---

[35] Caesar, Καῖσαρ in Greek, was the title of Rome's emperor.

19:15 εκραυγασαν ουν εκεινοι αρον αρον σταυρωσον αυτον λεγει αυτοις ο πιλατος τον βασιλεα υμων σταυρωσω απεκριθησαν οι αρχιερεις ουκ εχομεν βασιλεα ει μη καισαρα

They shouted, "Take, take *and* crucify him!"

Pilate says to them, "Shall I crucify your king?"

The chief priests answered, "We have no king except Caesar."

Jesus Crucified

19:16 τοτε ουν παρεδωκεν αυτον αυτοις ινα σταυρωθη παρελαβον ουν τον ιησουν

Then he handed Him over to them that He be crucified. They took Jesus, then,

19:17 και βασταζων εαυτω τον σταυρον εξηλθεν εις τον λεγομενον κρανιου τοπον ο λεγεται εβραιστι γολγοθα

and carrying the cross Himself, He went out to the so-called 'place of the skull',[36] which is called in Hebrew Golgotha,

19:18 οπου αυτον εσταυρωσαν και μετ αυτου αλλους δυο εντευθεν και εντευθεν μεσον δε τον ιησουν

where they crucified him with two others on this side and that – yet Jesus in the middle.

---

[36] The underlying Greek word, κρανίον , means "skull," which the Latin translator renders as a place-name, Calvary.

The Title on the Cross

19:19 εγραψεν δε και τιτλον ο πιλατος και εθηκεν επι του σταυρου ην δε γεγραμμενον ιησους ο ναζωραιος ο βασιλευς των ιουδαιων

Pilate also wrote *a* title, and placed it on the cross. It was written, "Jesus the Nazarene, the king of the Jews."

19:20 τουτον ουν τον τιτλον πολλοι ανεγνωσαν των ιουδαιων οτι εγγυς ην ο τοπος της πολεως οπου εσταυρωθη ο ιησους και ην γεγραμμενον εβραιστι ρωμαιστι ελληνιστι

Many of the Jews read this title because the place where Jesus was crucified was near the city, and it was written in Hebrew, Roman, and Greek.

19:21 ελεγον ουν τω πιλατω οι αρχιερεις των ιουδαιων μη γραφε ο βασιλευς των ιουδαιων αλλ οτι εκεινος ειπεν βασιλευς των ιουδαιων ειμι

The chief priests of the Jews began saying to Pilate, "Don't write, 'The king of the Jews', but that, 'That *man* said, I am the king of the Jews'."

19:22 απεκριθη ο πιλατος ο γεγραφα γεγραφα

Pilate answered, "What I've written, I've written."

19:23 οι ουν στρατιωται οτε εσταυρωσαν τον ιησουν ελαβον τα ιματια αυτου και εποιησαν τεσσαρα μερη εκαστω στρατιωτη μερος και τον χιτωνα ην δε ο χιτων αραφος εκ των ανωθεν υφαντος δι ολου

The soldiers, when they had crucified Jesus, took His garments and His tunic, and made four portions, *a* portion to each soldier. Yet the tunic was seamless, woven in one piece from above through *the* whole.

19:24 ειπαν ουν προς αλληλους μη σχισωμεν αυτον αλλα λαχωμεν περι αυτου τινος εσται ινα η γραφη πληρωθη διεμερισαντο τα ιματια μου εαυτοις και επι τον ιματισμον μου εβαλον κληρον οι μεν ουν στρατιωται ταυτα εποιησαν

They said to each other, "Let's don't tear it, but let's cast lots about it, whose it will be" –

that the scripture might be fulfilled, "They divided my garments among themselves, and cast lots over my clothing".[37] The soldiers indeed did these *things*.

Jesus Provides for His Mother

19:25 ειστηκεισαν δε παρα τω σταυρω του ιησου η μητηρ αυτου και η αδελφη της μητρος αυτου μαρια η του κλωπα και μαρια η μαγδαληνη

Yet His mother, and His mother's sister, Mary the *wife* of Klopas, and Mary the Magdalene stood near the cross of Jesus.

19:26 ιησους ουν ιδων την μητερα και τον μαθητην παρεστωτα ον ηγαπα λεγει τη μητρι γυναι ιδε ο υιος σου

Jesus, seeing the mother and the disciple whom he loved standing near, says to the mother, "Woman, look! Your son."

19:27 ειτα λεγει τω μαθητη ιδε η μητηρ σου και απ εκεινης της

---

[37] Psalm 22:18.

ωρας ελαβεν ο μαθητης αυτην εις τα ιδια

Then He says to the disciple, "Look! Your mother."

From that hour, the disciple took her into his own.

The Death of Jesus
19:28 μετα τουτο ειδως ο ιησους οτι ηδη παντα τετελεσται ινα τελειωθη η γραφη λεγει διψω

After this, Jesus, seeing that all already was completed, that the scripture be completed, says, "I thirst."[38]

19:29 σκευος εκειτο οξους μεστον σπογγον ουν μεστον του οξους υσσωπω περιθεντες προσηνεγκαν αυτου τω στοματι

A jar full of sour wine was at hand. Filling *a* sponge with sour wine, placing it on hyssop, they offered *it* to Him by mouth.

19:30 οτε ουν ελαβεν το οξος [ο] ιησους ειπεν τετελεσται και κλινας την κεφαλην παρεδωκεν το πνευμα

When Jesus took the sour wine, He said, "It is finished."

Bowing the head, He gave up the breath.

The Coup de Grace
19:31 οι ουν ιουδαιοι επει παρασκευη ην ινα μη μεινη επι του σταυρου τα σωματα εν τω σαββατω ην γαρ μεγαλη η ημερα εκεινου του σαββατου ηρωτησαν τον πιλατον ινα κατεαγωσιν αυτων τα σκελη και αρθωσιν

---

[38] See Psalm 69:21.

Then the Jews, since it was preparation day, that the bodies not remain on the cross on the Sabbath – for that day of the Sabbath was great – asked Pilate that they break their legs and take *them* down.

19:32 ηλθον ουν οι στρατιωται και του μεν πρωτου κατεαξαν τα σκελη και του αλλου του συσταυρωθεντος αυτω

The soldiers came and indeed broke the legs of the first and of the other of those crucified together with Him.

19:33 επι δε τον ιησουν ελθοντες ως ειδον ηδη αυτον τεθνηκοτα ου κατεαξαν αυτου τα σκελη

Yet coming to Jesus, as they saw Him already dead, they didn't break his legs.

19:34 αλλ εις των στρατιωτων λογχη αυτου την πλευραν ενυξεν και εξηλθεν ευθυς αιμα και υδωρ

But one of the soldiers pierced His side with *a* spear, and at once blood and water came out;

19:35 και ο εωρακως μεμαρτυρηκεν και αληθινη αυτου εστιν η μαρτυρια και εκεινος οιδεν οτι αληθη λεγει ινα και υμεις πιστευητε

and the *one* who has seen has testified, and his testimony is true, and that *man* knows that he speaks truth, and you may believe.

19:36 εγενετο γαρ ταυτα ινα η γραφη πληρωθη οστουν ου συντριβησεται αυτου

For these happened that the scripture might be fulfilled:

"Not one bone of his will be broken."[39]

19:37 και παλιν ετερα γραφη λεγει οψονται εις ον εξεκεντησαν

Again, another scripture says,

"They will see into *the one* whom they pierced."[40]

Jesus Buried

19:38 μετα δε ταυτα ηρωτησεν τον πιλατον ιωσηφ απο αριμαθαιας ων μαθητης [του] ιησου κεκρυμμενος δε δια τον φοβον των ιουδαιων ινα αρη το σωμα του ιησου και επετρεψεν ο πιλατος ηλθεν ουν και ηρεν το σωμα αυτου

Yet after these *things*, Joseph of Arimathea, being Jesus' disciple – yet secretly for the fear of the Jews – asked Pilate that he might take the body of Jesus, and Pilate allowed *it*. He came, then, and took away His body.

19:39 ηλθεν δε και νικοδημος ο ελθων προς αυτον νυκτος το πρωτον φερων ελιγμα σμυρνης και αλοης ως λιτρας εκατον

Nicodemus, the *man* coming to Him at first by night, came also, carrying *a* mixture of myrrh and aloes, like *a* pound each.

19:40 ελαβον ουν το σωμα του ιησου και εδησαν αυτο οθονιοις μετα των αρωματων καθως εθος εστιν τοις ιουδαιοις ενταφιαζειν

---

[39] Scripture specifies in Exodus 12:46 that the bones of the Passover lamb not be broken. See also Psalm 34:20.

[40] Zechariah 12:10.

They took the body of Jesus, and wrapped it in fine linen with the spices, just as the custom of the Jews is to bury.

19:41 ην δε εν τω τοπω οπου εσταυρωθη κηπος και εν τω κηπω μνημειον καινον εν ω ουδεπω ουδεις ην τεθειμενος

A garden was in the place where He was crucified, and in the garden *a* new tomb, in which no one yet was buried.

19:42 εκει ουν δια την παρασκευην των ιουδαιων οτι εγγυς ην το μνημειον εθηκαν τον ιησουν

They placed Jesus there because of the preparation day of the Jews, because the tomb was near.

Mary Magdalene Goes to the Tomb

20:1 τη δε μια των σαββατων μαρια η μαγδαληνη ερχεται πρωι σκοτιας ετι ουσης εις το μνημειον και βλεπει τον λιθον ηρμενον εκ του μνημειου

Yet the first of the Sabbaths, Mary the Magdalene comes to the tomb early, *it* yet being dark, and sees the stone taken away from the tomb.

20:2 τρεχει ουν και ερχεται προς σιμωνα πετρον και προς τον αλλον μαθητην ον εφιλει ο ιησους και λεγει αυτοις ηραν τον κυριον εκ του μνημειου και ουκ οιδαμεν που εθηκαν αυτον

She runs, then, and comes to Simon Peter and to the other disciple whom Jesus loved, and she says to them, "They've taken the Lord from the tomb, and we don't know where they put Him."

Peter and John Go to the Tomb

20:3 εξηλθεν ουν ο πετρος και ο αλλος μαθητης και ηρχοντο εις το μνημειον

Then Peter went out, and the other disciple, and they went to the tomb.

20:4 ετρεχον δε οι δυο ομου και ο αλλος μαθητης προεδραμεν ταχιον του πετρου και ηλθεν πρωτος εις το μνημειον

The two began running together, and the other disciple ran faster than Peter, and came first to the tomb.

20:5 και παρακυψας βλεπει κειμενα τα οθονια ου μεντοι εισηλθεν

Having bent down, he sees the linen cloths laid aside, yet he indeed didn't go in.

20:6 ερχεται ουν και σιμων πετρος ακολουθων αυτω και εισηλθεν εις το μνημειον και θεωρει τα οθονια κειμενα

Then Simon Peter comes following him, and went into the tomb, and he sees the linen cloths laid aside,

20:7 και το σουδαριον ο ην επι της κεφαλης αυτου ου μετα των οθονιων κειμενον αλλα χωρις εντετυλιγμενον εις ενα τοπον

and the face cloth which was on his head not laid aside with the linen cloths, but wrapped up apart in one place.

20:8 τοτε ουν εισηλθεν και ο αλλος μαθητης ο ελθων πρωτος εις το μνημειον και ειδεν και επιστευσεν

Then the other disciple, the *one* coming first to the tomb, went in also, and saw, and believed –

20:9 ουδεπω γαρ ηδεισαν την γραφην οτι δει αυτον εκ νεκρων αναστηναι

for they hadn't yet known the scripture that it is necessary for Him to rise from the dead.

20:10 απηλθον ουν παλιν προς αυτους οι μαθηται

Then they went back again to the disciples.

Mary Sees the Lord

20:11 μαρια δε ειστηκει προς τω μνημειω εξω κλαιουσα ως ουν εκλαιεν παρεκυψεν εις το μνημειον

Yet Mary had stood by outside near the tomb, weeping. As she wept, she bent down into the tomb,

20:12 και θεωρει δυο αγγελους εν λευκοις καθεζομενους ενα προς τη κεφαλη και ενα προς τοις ποσιν οπου εκειτο το σωμα του ιησου

and she sees two angels in white seated, one near the head and one near the feet where they placed the body of Jesus.

20:13 και λεγουσιν αυτη εκεινοι γυναι τι κλαιεις λεγει αυτοις οτι ηραν τον κυριον μου και ουκ οιδα που εθηκαν αυτον

They say to her, "Woman, why are you weeping?"

She says to them, "Because they took my Lord away, and I don't know where they put Him."

20:14 ταυτα ειπουσα εστραφη εις τα οπισω και θεωρει τον
ιησουν εστωτα και ουκ ηδει οτι ιησους εστιν

Having said these *things*, she turned to the back, and sees Jesus
standing, and she didn't know that *it* is Jesus.

20:15 λεγει αυτη ιησους γυναι τι κλαιεις τινα ζητεις εκεινη
δοκουσα οτι ο κηπουρος εστιν λεγει αυτω κυριε ει συ εβαστασας
αυτον ειπε μοι που εθηκας αυτον καγω αυτον αρω

Jesus says to her, "Woman, why are you weeping? Who are you
looking for?"

She, having thought that He is the gardener, says to Him, "Sir, if
you took Him, tell me where you put Him, and I will take Him
away."

20:16 λεγει αυτη ιησους μαριαμ στραφεισα εκεινη λεγει αυτω
εβραιστι ραββουνι ο λεγεται διδασκαλε

Jesus says to her, "Mary."

Having turned, she says to him in Hebrew, "Rabboni" – which
means, teacher.

20:17 λεγει αυτη ιησους μη μου απτου ουπω γαρ αναβεβηκα
προς τον πατερα πορευου δε προς τους αδελφους μου και ειπε
αυτοις αναβαινω προς τον πατερα μου και πατερα υμων και θεον
μου και θεον υμων

Jesus says to her, "Don't touch me, for I've not yet gone up to the
Father. Yet go to my brothers, and say to them, 'I go up to my
Father and your Father, and my God and your God."

20:18 ερχεται μαριαμ η μαγδαληνη αγγελλουσα τοις μαθηταις οτι εωρακα τον κυριον και ταυτα ειπεν αυτη

Mary the Magdalene goes, telling the disciples that, "I have seen the Lord," and He spoke these *words* to her.

Jesus Appears to the Disciples

20:19 ουσης ουν οψιας τη ημερα εκεινη τη μια σαββατων και των θυρων κεκλεισμενων οπου ησαν οι μαθηται δια τον φοβον των ιουδαιων ηλθεν ο ιησους και εστη εις το μεσον και λεγει αυτοις ειρηνη υμιν

Being evening, then, that first day of the Sabbaths, and the doors closed where the disciples were for the fear of the Jews, Jesus came and stood in the midst, and He says to them, "Peace to you."

20:20 και τουτο ειπων εδειξεν και τας χειρας και την πλευραν αυτοις εχαρησαν ουν οι μαθηται ιδοντες τον κυριον

Saying this, He showed them also the hands and the side. The disciples rejoiced, then, seeing the Lord.

20:21 ειπεν ουν αυτοις [ο ιησους] παλιν ειρηνη υμιν καθως απεσταλκεν με ο πατηρ καγω πεμπω υμας

Then [Jesus] said to them again, "Peace to you. Even as the Father sent me, I also send you."

20:22 και τουτο ειπων ενεφυσησεν και λεγει αυτοις λαβετε πνευμα αγιον

Saying this, He breathed on them and says, "Receive Holy Spirit.

20:23 αν τινων αφητε τας αμαρτιας αφεωνται αυτοις αν τινων κρατητε κεκρατηνται

"If you forgive the sins of anyone, they are forgiven them. If you retain *those* of anyone, they are retained."

Thomas Doubts, Sees

20:24 θωμας δε εις εκ των δωδεκα ο λεγομενος διδυμος ουκ ην μετ αυτων οτε ηλθεν ιησους

Yet Thomas, one of the twelve, the *one* called Twin, was not with them when Jesus came.

20:25 ελεγον ουν αυτω οι αλλοι μαθηται εωρακαμεν τον κυριον ο δε ειπεν αυτοις εαν μη ιδω εν ταις χερσιν αυτου τον τυπον των ηλων και βαλω τον δακτυλον μου εις τον τυπον των ηλων και βαλω μου την χειρα εις την πλευραν αυτου ου μη πιστευσω

The other disciples began saying to him,"We have seen the Lord."

Yet he said to them, "If I don't see the place of the nails in His hands, and put my finger into the place of the nails, and put my hand into His side, I won't believe."

20:26 και μεθ ημερας οκτω παλιν ησαν εσω οι μαθηται αυτου και θωμας μετ αυτων ερχεται ο ιησους των θυρων κεκλεισμενων και εστη εις το μεσον και ειπεν ειρηνη υμιν

After eight days, the disciples again were inside, and Thomas with them. Jesus comes, the doors being closed, and stood in the midst, and He said, "Peace to you."

20:27 ειτα λεγει τω θωμα φερε τον δακτυλον σου ωδε και ιδε τας

χειρας μου και φερε την χειρα σου και βαλε εις την πλευραν μου
και μη γινου απιστος αλλα πιστος

Then He says to Thomas, "Put your finger here and see my hands, and take your hand and put it into my side, and don't be disbelieving, but believing."

20:28 απεκριθη θωμας και ειπεν αυτω ο κυριος μου και ο θεος μου

Thomas answered and said to him, "My Lord and my God."

20:29 λεγει αυτω [ο] ιησους οτι εωρακας με πεπιστευκας μακαριοι οι μη ιδοντες και πιστευσαντες

Jesus says to him, "Because you've seen me, you've believed. Blessed *are* the *ones* not seeing, and *yet* believing."

Many Other Signs
20:30 πολλα μεν ουν και αλλα σημεια εποιησεν ο ιησους ενωπιον των μαθητων α ουκ εστιν γεγραμμενα εν τω βιβλιω τουτω

Jesus indeed did many other signs before the disciples which are not written in this book.

20:31 ταυτα δε γεγραπται ινα πιστευητε οτι ιησους εστιν ο χριστος ο υιος του θεου και ινα πιστευοντες ζωην εχητε εν τω ονοματι αυτου

Yet these are written that you may believe that Jesus is the Christ, the Son of God, and that, believing, you may have life in His name.

Jesus Makes Himself Known Again

21 **:1** μετα ταυτα εφανερωσεν εαυτον παλιν ιησους τοις μαθηταις επι της θαλασσης της τιβεριαδος εφανερωσεν δε ουτως

After these *events*, Jesus revealed Himself again to the disciples at the Sea of Tiberias. Yet He revealed himself this way.

21:2 ησαν ομου σιμων πετρος και θωμας ο λεγομενος διδυμος και ναθαναηλ ο απο κανα της γαλιλαιας και οι του ζεβεδαιου και αλλοι εκ των μαθητων αυτου δυο

Simon Peter, and the Thomas called Twin, and Nathanael from Cana of Galilee, and the two of Zebedee, and two others of His disciples were together.

21:3 λεγει αυτοις σιμων πετρος υπαγω αλιευειν λεγουσιν αυτω ερχομεθα και ημεις συν σοι εξηλθον και ενεβησαν εις το πλοιον και εν εκεινη τη νυκτι επιασαν ουδεν

Simon Peter says to them, "I'm going to fish."

They say to him, "We're coming with you too."

They went out and went up into *a* boat, and in that night they caught nothing.

21:4 πρωιας δε ηδη γινομενης εστη ιησους εις τον αιγιαλον ου μεντοι ηδεισαν οι μαθηται οτι ιησους εστιν

Yet *when* morning *had* already come, Jesus stood on the shore. The disciples indeed didn't know that *it* is Jesus.

21:5 λεγει ουν αυτοις ιησους παιδια μη τι προσφαγιον εχετε απεκριθησαν αυτω ου

Jesus says to them, "Children, don't you have any fish?"

They answered him, "No."

21:6 ο δε ειπεν αυτοις βαλετε εις τα δεξια μερη του πλοιου το δικτυον και ευρησετε εβαλον ουν και ουκετι αυτο ελκυσαι ισχυον απο του πληθους των ιχθυων

He said to them, "Cast the net to the right side of the boat, and you'll find."

They cast, then, and could no longer close it from the multitude of fish.

21:7 λεγει ουν ο μαθητης εκεινος ον ηγαπα ο ιησους τω πετρω ο κυριος εστιν σιμων ουν πετρος ακουσας οτι ο κυριος εστιν τον επενδυτην διεζωσατο ην γαρ γυμνος και εβαλεν εαυτον εις την θαλασσαν

Then that disciple whom Jesus loved says to Peter, "It's the Lord."

Simon Peter, having heard that it is the Lord, wrapped himself in the outer garment, for he was naked, and cast himself into the sea.

21:8 οι δε αλλοι μαθηται τω πλοιαριω ηλθον ου γαρ ησαν μακραν απο της γης αλλα ως απο πηχων διακοσιων συροντες το δικτυον των ιχθυων

Yet the other disciples came by boat, for they weren't far from the land, but about two hundred cubits[41] away, dragging the net of the fish.

Breakfast by the Sea

21:9 ως ουν απεβησαν εις την γην βλεπουσιν ανθρακιαν κειμενην και οψαριον επικειμενον και αρτον

As they got out of the boat onto the land, they see *a* charcoal fire set, and fish laid out, and bread.

21:10 λεγει αυτοις [ο] ιησους ενεγκατε απο των οψαριων ων επιασατε νυν

Jesus says to them, "Bring from the fish which you caught now."

21:11 ανεβη ουν σιμων πετρος και ειλκυσεν το δικτυον εις την γην μεστον ιχθυων μεγαλων εκατον πεντηκοντα τριων και τοσουτων οντων ουκ εσχισθη το δικτυον

Then Simon Peter went up and dragged the net to the land, full of great fish – one hundred fifty-three – and being so great, the net wasn't torn.

21:12 λεγει αυτοις [ο] ιησους δευτε αριστησατε ουδεις ετολμα των μαθητων εξετασαι αυτον συ τις ει ειδοτες οτι ο κυριος εστιν

Jesus says to them, "Come, eat breakfast."

None of the disciples dared ask him, "Who are you", knowing that it is the Lord.

---

[41] A cubit is roughly 18 inches.

21:13 ερχεται ιησους και λαμβανει τον αρτον και διδωσιν αυτοις
και το οψαριον ομοιως

Jesus comes, and takes the bread, and gives to them, and the fish
likewise.

21:14 τουτο ηδη τριτον εφανερωθη ιησους τοις μαθηταις
εγερθεις εκ νεκρων

This was already the third time Jesus revealed Himself to the
disciples, having been raised from the dead.

Peter Questioned, Restored

21:15 οτε ουν ηριστησαν λεγει τω σιμωνι πετρω ο ιησους σιμων
ιωαννου αγαπας με πλεον τουτων λεγει αυτω ναι κυριε συ οιδας
οτι φιλω σε λεγει αυτω βοσκε τα αρνια μου

When they ate breakfast, Jesus says to Simon Peter, "Simon of
John, do you love me more than these?"

He says to him, "Yes, Lord. You know that I love you."

He says to him, "Feed my lambs."

21:16 λεγει αυτω παλιν δευτερον σιμων ιωαννου αγαπας με
λεγει αυτω ναι κυριε συ οιδας οτι φιλω σε λεγει αυτω ποιμαινε
τα προβατα μου

He says to him again *a second time*, "Simon of John, do you love
me?"

He says to him, "Yes, Lord. You know that I love you."

He says to him, "Shepherd my sheep."

21:17 λέγει αὐτῷ το τρίτον Σίμων ἰωάννου φιλεῖς με ἐλυπήθη ὁ πέτρος ὅτι εἶπεν αὐτῷ το τρίτον φιλεῖς με καὶ εἶπεν αὐτῷ κύριε πάντα σὺ οἶδας σὺ γινώσκεις ὅτι φιλῶ σε λέγει αὐτῷ ἰησοῦς βόσκε τὰ προβάτια μου

He says to him the third *time*, "Simon of John, do you love me?"

Peter was grieved because He said to him the third *time*, "Do you love me," and he said to Him, "Lord, you know all. You know that I love you."

Jesus says to him, "Feed my sheep.

21:18 ἀμὴν ἀμὴν λέγω σοι ὅτε ἦς νεώτερος ἐζώννυες σεαυτὸν καὶ περιεπάτεις ὅπου ἤθελες ὅταν δὲ γηράσῃς ἐκτενεῖς τὰς χεῖράς σου καὶ ἄλλος ζώσει σε καὶ οἴσει ὅπου οὐ θέλεις

"Amen, amen, I say to you, when you were young, you dressed yourself and went where you wanted. Yet when you grow old, you will stretch out your hands, and another will dress you, and carry you where you don't want."

21:19 τοῦτο δὲ εἶπεν σημαίνων ποίῳ θανάτῳ δοξάσει τὸν θεὸν καὶ τοῦτο εἰπὼν λέγει αὐτῷ ἀκολούθει μοι

He said this signifying by what death he would glorify God, and saying this, He says to him, "Follow me."

Peter Asks About John

21:20 ἐπιστραφεὶς ὁ πέτρος βλέπει τὸν μαθητὴν ὃν ἠγάπα ὁ ἰησοῦς ἀκολουθοῦντα ὃς καὶ ἀνέπεσεν ἐν τῷ δείπνῳ ἐπὶ τὸ στῆθος αὐτοῦ καὶ εἶπεν κύριε τίς ἐστιν ὁ παραδιδούς σε

Peter, having turned, sees the disciple following whom Jesus

loved, who also reclined at the supper on His chest, and said,
"Lord, who is the one betraying you?"

21:21 τοῦτον οὖν ἰδὼν ὁ πέτρος λέγει τῷ ιησου κύριε οὗτος δὲ

11

Seeing this *man*, Peter says to Jesus, "What of this *man?*"

21:22 λέγει αυτω ο ιησους εαν αυτον θέλω μένειν ἕως ερχομαι
τι πρός σε συ μοι ακολουθει

Jesus says to him, "If I want him to remain until I come, what *is
that* to you? You follow me."

21:23 ἐξῆλθεν οὖν οὗτος ο λόγος εἰς τοὺς ἀδελφοὺς ὅτι ο
μαθητης εκεινος ουκ αποθνησκει ουκ ειπεν δε αυτω ο ιησους οτι
ουκ αποθνησκει αλλ εαν αυτον θελω μενειν εως ερχομαι τι προς
σε

This word went out among the brothers, then, that this disciple
will not die. Yet Jesus didn't say that he will not die, but, "If I
want him to remain until I come, what *is that* to you?"

21:24 ουτος εστιν ο μαθητης ο μαρτυρων περι τουτων και ο
γραψας ταυτα και οιδαμεν οτι αληθης αυτου η μαρτυρια εστιν

This is the disciple testifying about these *events*, and the *one*
having written these, and we know that his testimony is true.

21:25 εστιν δε και αλλα πολλα α εποιησεν ο ιησους ατινα εαν
γραφηται καθ εν ουδ αυτον οιμαι τον κοσμον χωρησειν τα
γραφομενα βιβλια

Yet *there* is much else that Jesus did which, if each was written

The Gospel According to John, 192

down in one, I suppose the world could not contain the books written.

Also from Searchlight Press:

Wonderworking Power:
A Fresh Translation
of the Gospel of Mark
(Searchlight Press, 2011)

Romans:
A Latin-English,
Verse by Verse
Translation
(Searchlight Press, 2011)

1 and 2 Corinthians:
A Greek-English,
Verse by Verse
Translation
(Searchlight Press, 2013)

The Latin Testament Project
New Testament:
A Latin-English,
Verse by Verse
Translation
(Searchlight Press, 2013)

and much more . . .

The Gospel According to John, 194

Searchlight Press
Who are you looking for?
Publishers of thoughtful Christian books since 1994.
PO Box 554
Henderson, Texas 75653-0554
214.662.5494
info@Searchlight-Press.com
www.Searchlight-Press.com